Major baron DE LINGK

SOUVENIRS

D'UN

COMMANDANT D'ÉTAPES

1870-1873

Le Service des étapes à la IIIe armée et pendant la période de l'occupation allemande

avec une carte

TRADUIT DE L'ALLEMAND

Par G. RICHERT

CHEF DE BATAILLON DE RÉSERVE

EXAMINATEUR D'ADMISSION A L'ÉCOLE SPÉCIALE MILITAIRE

PARIS

LIBRAIRIE MILITAIRE R. CHAPELOT ET Cie

IMPRIMEURS-ÉDITEURS

30, Rue et Passage Dauphine, 30

1909

SOUVENIRS

D'UN

COMMANDANT D'ÉTAPES

PARIS. — IMPRIMERIE E. CHAPELOT ET Cᵉ, RUE CHRISTINE, 2.

Major baron DE LINGK

SOUVENIRS

D'UN

COMMANDANT D'ÉTAPES

1870-1873

Le Service des étapes à la IIIe armée et pendant la période de l'occupation allemande

avec une carte

TRADUIT DE L'ALLEMAND

Par G. RICHERT

CHEF DE BATAILLON DE RÉSERVE

EXAMINATEUR D'ADMISSION A L'ÉCOLE SPÉCIALE MILITAIRE

PARIS
LIBRAIRIE MILITAIRE R. CHAPELOT ET Cie
IMPRIMEURS-ÉDITEURS
30, Rue et Passage Dauphine, 30

1909

AVANT-PROPOS DU TRADUCTEUR

Si le service des étapes est généralement peu connu, on a fait cependant de grands efforts pour le vulgariser, en créant l'École d'Instruction des officiers du service des chemins de fer et des étapes, afin de leur permettre de suivre des conférences fort instructives au Cercle militaire de Paris, de prendre part à des exercices pratiques à l'extérieur, sans compter les voyages d'état-major, auxquels un certain nombre d'entre eux sont attachés chaque année. Les commentaires du règlement, son application à des cas concrets fictifs sont certainement un excellent moyen d'instruction ; il sera d'autant plus fécond en résultats qu'on l'aura souvent associé à l'étude raisonnée de la pratique réelle, constatée dans les guerres les plus récentes. C'est du reste la méthode classique, celle qu'on suit pour la préparation de tous les organes d'une future armée de campagne, afin de mettre les officiers en contact avec les réalités, de leur éviter des tâtonnements, de leur faire distinguer l'essentiel de l'accessoire et d'aiguiller leur sagacité sur des expédients conformes, sinon à la lettre, du moins à l'esprit des règlements.

La guerre du passé qui nous intéresse le plus est évidemment celle de 1870-1871, mais comme à cette époque le service de l'arrière n'était pour ainsi dire pas organisé chez nous, nous sommes bien obligés d'avoir recours à l'expérience acquise par les Allemands à nos dépens.

Il ne s'agit pas pour les officiers intéressés d'étudier dans son ensemble le fonctionnement des rouages du service des étapes chez les Allemands en 1870, mais de méditer les moyens par lesquels un commandant d'étapes, bien préparé à sa mission, a su se tirer d'affaire dans des situations variées et souvent difficiles. Un document des plus instructifs à cet égard nous a été fourni après la guerre par le major prussien en retraite de Lingk, ex-commandant d'étapes de Vitry-le-François, de Bar-le-Duc, etc. (1870-1873). C'est celui dont j'offre aujourd'hui la traduction aux camarades que le service des étapes peut intéresser.

Je dois ajouter que je n'ai pas grand mérite à le faire, car ce n'est pas la première fois que l'attention des officiers est attirée sur les faits et gestes du commandant d'étapes de Vitry. Le 11 janvier dernier encore, M. le général Lefort, membre du conseil supérieur de la Guerre, a rappelé aux officiers présents à la conférence, faite par M. le capitaine du génie Rheims, le rôle important et multiple joué en 1870 par le major de Lingk à Vitry.

Quel homme était-ce au juste que ce major de Lingk? Ses *Souvenirs* vous le diront. Quoique retraité avant la guerre, il était encore suffisamment résistant pour satisfaire aux exigences d'un métier fatigant, auquel il était du reste très bien préparé.

Au moral c'était un bon serviteur, d'un loyalisme un peu mystique. Pour lui son Roi était l'élu de Dieu, désigné pour châtier la France. Dans ses rapports avec les Français, il affectait une certaine douceur, tant qu'il les voyait soumis et prêts à servir d'instruments : mais, dès qu'ils relevaient un peu la tête il ne cachait plus son antipathie pour l'ennemi héréditaire.

Avant de reproduire les *Souvenirs du major de Lingk*, il n'est peut être pas inutile de dire un mot de l'organisation du service des étapes dans l'armée allemande en 1870. D'après l'*Instruction du 2 mai 1867*, tenue secrète avant la guerre, ce service était organisé par corps d'armée et par armée, mais non pour l'ensemble des armées. Chaque armée avait son Inspection générale (General-Inspektion) ; pour nous placer dans un cadre plus familier je traduirai ce terme par Direction et celui de General-Inspektor par Directeur. On verra dans l'*Introduction* la composition de la Direction des étapes de la IIIe armée. Chaque direction devait disposer d'une ligne ferrée spéciale. Il n'en fut pas ainsi dans la pratique (voir la carte). Sur les lignes d'étapes de chemins de fer il y avait un commandant d'étapes et de gare tous les 150 kilomètres environ. Du point terminus de la voie ferrée (tête d'étapes de guerre) * par-

* Correspond à notre *gare origine d'étapes* actuelle.

tait la ligne d'étapes de route, comportant un commandement d'étapes par distance de 25 kilomètres environ et un gîte principal toutes les trois à quatre étapes.

Les commandants d'étapes de chemins de fer relevaient de la Direction et ceux des étapes de route d'un Inspecteur par corps d'armée.

L'ordonnance du 20 juillet 1872, remplacée depuis par celles de 1887 et de 1902 supprime les Inspections de corps d'armée.

La dénomination d'Inspecteur (directeur chez nous) se rapporte maintenant à une armée, celle d'« Inspecteur général » à un groupe d'armées. Le service des étapes par armée est distinct de celui des chemins de fer.

C'est au règlement d'étapes de 1872 que se rapportent les renvois à la première page de chaque chapitre des *Souvenirs* du major de Lingk. Pour plus de commodité, j'ai mis en tête des annotations les numéros des articles correspondants du règlement de 1902. Les textes cités sont à peu près conformes à ceux des articles indiqués. Il sera peut-être intéressant de les comparer aux passages correspondants du règlement français, excellent moyen pour profiter le mieux possible des leçons contenues dans la pratique du service des étapes par les Allemands en 1870.

Mai 1909.

PRÉFACE DE L'AUTEUR

La campagne de 1870-1871 a été exposée sous toutes ses faces dans l'excellente relation historique du Grand État-Major prussien, sans compter une foule d'autres ouvrages intéressants sur la même matière. Mais les faits qui se rapportent plus particulièrement au service des étapes ont été écartés de ces relations. Ils ont en effet un caractère plutôt local et appartiennent à tant de petites sphères d'action distinctes qu'il est souvent très difficile d'établir, dans les relations historiques, une corrélation entre les opérations militaires de chaque armée et le service des étapes. Ce dernier n'en constitue pas moins une partie essentielle de la stratégie et ce serait une erreur de croire qu'il doit uniquement pourvoir à l'alimentation et au cantonnement des troupes de passage.

Qu'on en juge, du reste, par ce qui suit :

En ma qualité de commandant d'étapes de Vitry-le-François, j'ai reçu du commandant de la IIIe armée l'ordre d'assurer, par tous les moyens en mon pouvoir, l'alimentation de cette armée en marche de Sedan sur Paris. Il est inutile de démontrer l'importance de cette mission et la promptitude avec laquelle elle devait être remplie.

De même plus tard, après la capitulation de Metz, le commandant de la IIe armée me prescrivit de fournir 600 chevaux pour atteler ses dix sections de munitions de réserve, que je devais diriger sur Orléans: de constituer en outre un convoi auxiliaire de 60 voitures avec 120 chevaux; de pourvoir à la sécurité de la route postale de Vitry-le-François à Troyes, laquelle était utilisée par cette même armée, et, par suite, de l'occuper, etc. Voilà des missions se rapportant à l'ensemble des opérations militaires et non pas seulement à la circonscription de Vitry. Leur prompte exécution était de la plus haute importance pour les armées, qui devaient toujours disposer de tous leurs moyens d'action.

En occupant le pays conquis, en y assurant la sécurité, le service des étapes permettait non seulement d'en exploiter les ressources pour les besoins généraux des armées, mais encore de leur faire parvenir à temps le matériel de guerre, les convois de toute sorte et les renforts. Ces missions, aussi variées que difficiles, devaient être remplies avec des moyens précaires au milieu de difficultés continuelles suscitées par la petite guerre dans la zone de l'arrière.

Ayant fait la campagne de 1870-1871 en qualité

de commandant d'étapes et rempli ensuite les mêmes fonctions pendant deux années à l'armée d'occupation, je crois posséder l'expérience nécessaire pour parler du rôle multiple joué par le service des étapes dans cette guerre, ce que je tenterai de faire de mon mieux dans les seize chapitres qui vont suivre.

INTRODUCTION

La IIIe armée allemande (composée des Ve, XIe corps prussiens et des Ier et IIe corps bavarois, de la division wurtembergeoise et de la division badoise), forte de 130,000 hommes environ, a opéré sa concentration, du 25 juillet au 3 août 1870, entre Landau et Rastadt, exemple unique dans l'histoire, au point de vue de la rapidité. Son Altesse Royale, le prince Frédéric-Guillaume, se mit immédiatement en marche et lutta victorieusement le 4 août contre Douay, à Wissembourg, et le 6 août, contre Mac-Mahon, à Wœrth. La IIIe armée continua ensuite à avancer sur Nancy, par les défilés des Vosges, en bloquant les petites places de Phalsbourg, Marsal, Bitche. Sa Direction des étapes la suivit. En voici la composition :

Directeur : général de division baron DE GOTSCH.
Chef d'état-major : major baron VON DER GOLTZ (1).

(1) Ne pas le confondre avec le célèbre écrivain militaire général Colmar von der Goltz, qui était capitaine d'état-major en 1870.

En 1886, le général von der Goltz, ex-chef d'état-major du général de Gotsch, a publié également, et dans un supplément du *Militär-Wochenblatt*, ses souvenirs du service des étapes dans la guerre de 1870-1871 : ils ont naturellement un caractère plus général que ceux du baron de Lingk. (*Note du traducteur.*)

Adjudants (adjoints d'état-major) : capitaine **de Bathenow**, du 6e régiment de la landwehr prussienne; lieutenant en retraite **Keller**; lieutenant de réserve **de Rabenau**, de la 3e brigade d'artillerie.

Officier d'artillerie : lieutenant-colonel en retraite **Erdmann**.

Officier du génie : major en retraite **Bachfeld**.

Intendance : sous-intendant **Schumann**.

Commandant du détachement de gendarmerie : major **Haack**.

On y avait rattaché la Direction des étapes bavaroise ainsi composée :

Directeur : général de brigade **de Mayer**.

Officier d'état-major : lieutenant-colonel comte **de Verri**.

Adjudants (adjoints d'état-major) : lieutenants Lossow, du 8e régiment d'infanterie; Ott, du 6e régiment d'infanterie.

Commandant de l'artillerie : major baron **de Harsdorf**, du 2e régiment d'artillerie.

Commandant du génie : major **Kleemann**, de l'état-major du génie.

Commissaire supérieur des guerres : **Backert**.

Commandant de la gendarmerie de campagne : capitaine **Heiss**.

Dès le début le major de Bülow fut installé comme commandant d'étapes à Landau ; on créa ensuite des commandements d'étapes sur la ligne Wissembourg—Haguenau—Saverne, et plus tard à Nancy, aussi bien par voie de terre que par chemin de fer.

A mesure que l'armée du Prince royal s'avança sur Paris, la Direction des étapes échelonna successivement son personnel de réserve par groupes de commandements d'étapes.

Ce personnel, arrivé à Landau le 15 août, reçut après la grande victoire de Gravelotte l'ordre de se rendre le 20 par voie ferrée à Nancy. Nous y arrivâmes le 22, par Wissembourg et Haguenau. En route nous vîmes encore des traces des ravages causés par les batailles de Wissembourg et de Wœrth. Le 21, dans la nuit, nous fûmes à Lunéville, que nous quittâmes le 22, au matin. La ville était encore en ébullition. Avec la complicité de deux ouvriers, un habitant avait assailli deux soldats du train qui étaient venus chercher de l'eau dans sa cour et en avait blessé un mortellement. Il fut traduit devant une cour martiale et fusillé. J'appris que le chef de bataillon du 18e régiment d'infanterie, qui s'était occupé de cette affaire, avait fait exécuter le coupable sur la place du château. A Nancy régnait également une grande activité militaire. Le bas peuple surtout nous étant hostile, de nombreuses patrouilles circulaient dans les rues. Pendant notre séjour dans la ville, il arriva même à un train de blessés de Gravelotte, dans lequel se trouvait le comte Herbert de Bismark, que nous saluâmes à l'arrêt, de recevoir des cailloux du premier pont situé immédiatement derrière la gare. Naturellement ce pont fut aussitôt occupé par un poste sérieux.

Le commandant d'étapes installé à la gare de Nancy, avait une tâche très complexe à remplir. Non seulement, il lui fallait loger les nombreux détachements et services qui débarquaient, mais encore leur faire continuer leur route par voie de terre en contournant Toul assiégé. Il éprouvait de grandes difficultés à fournir les voitures nécessaires aux convois. Le 26 août, nous reçûmes l'ordre de suivre, le 28, la route qui passe à Void et à Ligny, pour nous rendre à Bar-le-Duc, où se trouvait encore la Direction des étapes de la IIIe armée.

L'inspecteur d'étapes du VIe corps, colonel de Kehler, resta à Nancy avec son état-major et son personnel ; les autres commandants d'étapes et leur personnel, escortés de quelques gendarmes, contournèrent Toul par l'itinéraire suivant :

De Nancy à Gondreville, à droite, par le pont de la Moselle, puis par l'écluse du canal de la Marne où nous longeons la ligne d'avant-postes du corps de blocus (27e et 67e régiments de landwehr), à 1,200 mètres de la ligne française. Nous franchissons ensuite la grand'route de Verdun à Metz et, laissant Bruley au nord, nous gagnons Écrouves, quartier général du corps de blocus, puis la route de Void à Ligny. Bien que notre colonne fût assez longue, par suite des convois qui s'y étaient joints, l'artillerie française ne nous adressa pas les saluts d'usage, grâce sans doute à la pluie qui ne cessait de tomber. Nous arrivâmes à 9 h. 30 du soir à Void, grand et beau village et gîte d'étapes bavarois, où nous rencontrâmes un détachement allant renforcer le 1er régiment bavarois (Garde du corps). Je me trouvai logé avec le lieutenant Schlederer de ce régiment. On nous fit bon accueil.

Le 29 août, marche par Ligny sur Bar-le-Duc. A Ligny nous fûmes reçus par le commandant d'étapes, major de Bardeleben, qui venait d'être installé avec une garnison d'infanterie bavaroise. De Bardeleben était obligé de se tenir sur ses gardes à Ligny, car des francs-tireurs infestaient la forêt voisine de l'Argonne, et la population ouvrière de Ligny n'était pas sûre.

Arrivés à Bar-le-Duc dans l'après-midi, nous tombâmes sur un grand camp, où se trouvait la Direction des étapes de la IIIe armée avec celle des Bavarois. Le général baron de Gotsch était commandant d'armes et le major baron von der Goltz son chef d'état-major. La Direction bavaroise sous le général de Mayer était rattachée à la Direction prussienne. La garnison bavaroise, formée de deux bataillons d'infanterie de ligne et d'un régiment de chevau-légers, était plus forte que la garnison prussienne, laquelle comprenait seulement le 8e régiment de dragons (de Silésie).

Le 26 août, le grand quartier général de S. M. le roi Guillaume, celui de S. A. R. le Prince royal ainsi que la IIIe armée étaient partis de Bar-le-Duc pour Sedan. On avait décidé dans un conseil de guerre, tenu à Bar-le-Duc, qu'on ne marcherait pas directement sur Paris, mais qu'on se dirigerait d'abord sur Sedan. Le Prince royal avait fait prévaloir son avis : faire d'abord l'empereur Napoléon prisonnier et marcher ensuite sur Paris.

Bar-le-Duc subissait encore l'impression du prestige du Roi et du Prince royal ; les troupes bavaroises étaient encore sous l'influence réconfortante des fréquentes allocutions affables que les princes leur avaient adressées. Avec mon major de place, capitaine en retraite, baron de Teichmann, je me mis au courant de toutes les affaires à régler par un commandant d'étapes, car les détachements, convois, courriers se succédaient d'une manière ininterrompue, sans compter les services de l'arrière, les sociétés de secours aux blessés, etc. Je veux également mentionner ici l'arrivée du prince Othon de Bavière, frère du roi Louis et colonel du régiment de chevau-légers. Pendant son séjour à Bar-le-Duc, j'eus quotidiennement l'honneur de dîner avec lui, à la table de la Direction des étapes bavaroise. Le 3 septembre, le prince quitta la ville pour se rendre à l'armée. L'attaché militaire d'Italie, général de Haucke, arriva également à Bar-le-Duc, d'où il devait se rendre au grand quartier général.

La garnison prussienne et bavaroise appliquait à Bar-le-Duc, le règlement sur le service en campagne. Toutes les issues de la ville étaient occupées par des petits postes ou des sentinelles doubles, et pendant la nuit un bataillon en réserve était consigné au cantonnement

d'alerte. Les dragons prussiens firent souvent des reconnaissances dans un rayon très étendu. Je signale, en particulier, celle du 30 août, exécutée par le commandant du régiment, major de Kuylenstierna, avec deux escadrons dans la direction du camp de Châlons, à la nouvelle qu'un convoi de vivres conduit par le payeur Wandel y avait été surpris par de l'infanterie française venue de Reims. Quelques sous-officiers seulement du convoi avaient pu s'échapper et apporter la mauvaise nouvelle à la Direction des étapes à Bar-le-Duc.

Après une course rapide d'environ 60 kilomètres, le major de Kuylenstierna, dès son arrivée au camp de Châlons, fit placer les vedettes nécessaires et donner à manger aux chevaux qui restèrent sellés. Au bout d'une demi-heure on entendit des coups de feu du côté du petit poste de dragons placé face à Reims. Tout le monde sauta en selle, au bruit fait par l'arrivée d'un train contenant de l'infanterie française qui chassait devant elle les dragons du petit poste revenant au galop.

Naturellement les deux escadrons s'empressèrent de se soustraire par la fuite à une salve d'infanterie imminente. Ils rentrèrent le lendemain à Bar-le-Duc, sans avoir perdu un seul homme et rendirent compte que Reims était encore occupé par un corps de réserve français.

Après le départ du grand quartier général et de la IIIe armée, à la date du 26 août, tout le monde attendait anxieusement des nouvelles de la bataille en perspective. En apprenant le 30 août et le 1er septembre les grands résultats des victoires de Beaumont et de Sedan, notre joie fut sans bornes ; quant à la population de Bar-le-Duc, elle en fut consternée. J'eus l'honneur d'apporter le 30 août, au prince Othon de Bavière, la première dépêche télégraphique annonçant la victoire de Beaumont, remportée par les IVe et XIIe corps et le Ier corps bavarois.

Le 4 septembre, ce fut mon tour de dépasser Bar-le-Duc. Auparavant je signalerai encore la haute ville, vieux quartier aux édifices solides, dont la petite église de Saint-Pierre et le château comptent au nombre des plus anciens monuments de France. Le vieux musée est également très intéressant à visiter. Il renferme beaucoup d'antiquités romaines provenant d'un ancien camp romain près du village de Fains. Les armes de la ville de Bar sont également très curieuses. Sur la partie gauche de l'écusson, elles portent deux poissons et sur la droite trois pensées avec cette devise : « Plus penser que dire. »

Le 4 septembre 1870, après avoir parcouru un trajet de 45 kilomètres, j'arrivai avec mon personnel à Vitry-le-François. Je me présentai au commandant de la Place, major de Katzler, commandant le 2e bataillon du 62e régiment d'infanterie, puis je pris les fonctions de commandant d'étapes. C'est ainsi qu'au fur et à mesure du mouvement en avant de la IIIe armée sur Paris, se dévidait l'écheveau des cadres en réserve du service des étapes par Châlons, le long de la Marne et du chemin de fer jusqu'à Lagny, pour se prolonger ensuite sur route par Villeneuve-Saint-Georges, Brie-Comte-Robert, Longjumeau jusqu'à Versailles, quartier général du roi Guillaume et du Prince royal, tandis que la Direction des étapes de la IIIe armée s'installait à Corbeil.

Je vais parler maintenant de tout ce qui concerne un commandant d'étapes et de gare sous le rapport du service la sûreté, de l'alimentation, du cantonnement, des réquisitions, du service hospitalier, des événements imprévus, etc. Ce que j'en dirai sera le fruit de ma propre expérience acquise en 1870-1871, comme commandant d'étapes et de gare à Bar-le-Duc et à Vitry et comme commandant de la grande gare (rive droite) à Versailles, sous les ordres directs du chef de la IIIe armée.

SOUVENIRS

D'UN

COMMANDANT D'ÉTAPES

CHAPITRE I

Division de la zone des étapes *

Cette division fut conforme à celle par arrondissements, cantons, communes, etc. Le commandement d'étapes de Vitry comprenait tout l'arrondissement de Vitry, soit trois villes et 126 autres localités, le tout groupé par cantons. Je partageai ensuite l'arrondissement en quatre secteurs suivant les quatre points cardinaux, afin d'avoir une bonne base pour procéder aux cantonnements, réquisitions ou autres opérations.

* Art. 140 (Règl. all. de 1902 sur le S. des Ét.). — L'autorité supérieure dont relève en première instance un commandant d'étapes est toujours et exclusivement celle de la circonscription à laquelle l'étape appartient (Direction des étapes, gouvernement général, corps d'armée). En cas de modifications dans la délimitation territoriale, l'autorité militaire dont relève un commandement d'étapes peut être changée, mais le personnel du commandement continue à fonctionner tel quel jusqu'au moment où le commandement est supprimé ou son personnel appelé à une autre destination.

A rapprocher du Règl. français du 25 avril 1900 (Art. 17).

En troisième lieu, la ligne ferrée de Strasbourg à Paris servait également à délimiter mon secteur, qui s'étendait au nord de Vitry, jusqu'à mi-chemin de Châlons-sur-Marne (15 kilomètres), et au sud jusqu'à 22 kilomètres environ de Bar-le-Duc. J'avais donc établi un service de sûreté particulier pour chacune des deux portions de la ligne. La place de Vitry ainsi que la gare, située au dehors, se trouvaient au centre.

Il était important de se mettre en communication avec les commandements d'étapes limitrophes : ceux de Châlons et de Bar-le-Duc, et de maintenir cette liaison d'une manière permanente, ce qui fut fait. Les trois commandements d'étapes de Châlons-sur-Marne, Vitry-le-François et Bar-le-Duc se sont entr'aidés pendant toute la campagne, autant que leurs forces le leur permettaient.

CHAPITRE II

Sécurité de la circonscription *

Les mesures relatives à la sécurité dépendent surtout de l'étendue de la circonscription, de celle de la localité et de sa situation, de la force de la garnison. Vitry n'étant qu'une petite place à la Vauban, sans défenses

* **Art. 147.** — La mission du commandant d'étapes consiste à assurer le transit de tout ce qui va à l'armée ou en vient, à prendre des dispositions de sa compétence pour la sécurité des voies de communication et des lignes télégraphiques dans sa circonscription et au besoin à fournir des escortes aux convois.

Le service de la garnison, la défense en cas d'attaque venant de l'extérieur, l'emploi des troupes contre une insurrection sont réglés par le commandant d'étapes, même si un officier supérieur en grade appartient passagèrement à la garnison. Si ce dernier doit y rester un certain temps, le directeur des étapes règle les attributions de chacun (comp. art. 53 et 54).

Art. 172. — A toutes les entrées du gîte on prend des dispositions pour indiquer l'emplacement du bureau du commandant, de l'hôpital, du magasin, de la poste et du télégraphe. Ces bâtiments sont en outre à signaler par des inscriptions : le bureau du commandant par un drapeau noir-blanc-rouge et par une lanterne rouge la nuit.

Art. 173. — Aux saillants des grandes rues seront placés des poteaux indicateurs désignant les localités voisines et le premier endroit important plus loin.

Les rues sont éclairées la nuit.

Art. 174. — Sur la place principale un poste, lequel place des sentinelles pour la sûreté du gîte. Pour plus de sûreté, il y a également lieu d'organiser un service de patrouilles et de faire observer les règle-

extérieures, pourvue seulement d'un ouvrage à cornes comme tête de pont, ne fut occupé après sa reddition que par un bataillon du 62e régiment d'infanterie. C'est dans cette situation que je trouvai la ville à mon arrivée, le 4 septembre, comme commandant d'étapes.

Bien que Vitry fût sans valeur comme place de guerre, sa position sur le chemin de fer, les deux routes vers Paris le long de la Marne, le canal de la Marne en faisaient un point d'appui pour la IIIe armée se portant sur Paris, et plus tard pour la IIe, dans sa marche sur Orléans.

J'y organisai le service suivant : un poste central et un à chacune des quatre portes de la ville, un fort poste à la gare, un petit poste, commandé par un officier, au pont du chemin de fer sur la Marne; du côté de Châlons et sur cette partie de la ligne même, deux forts postes de sous-officier; un poste d'officier et un ou deux forts postes de sous-officier sur la voie ferrée vers Bar-le-Duc, soit au total 320 hommes de service par jour, sans compter une centaine d'autres pour escorter les corvées extérieures, les convois de prisonniers, les détachements allant faire des réquisitions, les patrouilles, les reconnaissances. Par

ments de police. La garnison devra être exercée à se réunir promptement et sans bruit sur la place de rassemblement en cas d'alerte.

En pays ennemi, il est dès l'installation procédé au désarmement de la population. On menace d'un châtiment toute tentative de conserver ou de cacher des armes. Le commandant d'étapes étudie à l'avance les mesures à prendre en cas de résistance à ses ordres. Quand le gîte est menacé du dehors, on établit dans la limite de l'effectif de la garnison des petits postes aux endroits où cela est nécessaire; on barricade les entrées et on lance des patrouilles en avant. Une garnison même petite peut tenir longtemps, contre des troupes ou des insurgés, dans un réduit pourvu autant que possible d'eau, de vivres et de munitions, où elle se retire la nuit et emmène des otages.

Rapprocher le Régl. français (Instruction complémentaire 1, 2, 4, 6, 7).

suite, un demi-bataillon (500 hommes) était employé journellement au service de la place et des étapes, de sorte que les hommes n'avaient qu'une nuit de repos sur deux.

De Vitry je n'envoyais en principe que de fortes patrouilles de sous-officier à l'extérieur, entre 8 et 9 heures du soir. Elles fouillaient le terrain à une distance de 7 kilomètres environ, surtout les abords de la petite route de Paris passant par Fère-Champenoise, Sézanne, laquelle était battue par des francs-tireurs. Par ordre du Prince royal ou du Roi, cette route fut plusieurs fois interdite aux détachements inférieurs à un bataillon, parce que des fractions de 200 à 300 hommes y avaient été sérieusement attaquées.

A 7 heures du soir, je réunissais les chefs de patrouille pour montrer à chacun sur la carte l'itinéraire à parcourir pour l'aller et le retour, ainsi que le point de croisement avec quelque autre patrouille, dont il fallait attendre le passage. Les deux chefs de patrouille échangeaient un carton en y notant au crayon l'heure de leur rencontre. En outre, les quatre sous-officiers, chefs de poste aux stations de Sermaize, Pargny, Loisy et Pringy étaient reliés par un service ininterrompu de patrouilles de trois hommes qui, à leur rencontre, échangeaient des billets. Par ce moyen, j'avais la certitude que la section sur tout son parcours avait été explorée et que rien ne laissait à désirer sur le chemin de fer. C'est ainsi que mes 40 kilomètres de voie ferrée furent parcourus et inspectés nuit et jour, sans interruption, par des patrouilles. A 7 heures du matin, tous les cartons échangés ou des comptes rendus, s'il y avait lieu, m'étaient remis par des employés de la voie qui arrivaient par le premier train à Vitry. Tout ce qui était urgent ou important m'était immédiatement communiqué par le télégraphe du chemin de fer.

Les résultats donnés par ce service de patrouilles ont été absolument excellents.

Naturellement, les patrouilles avaient pour mission de remédier immédiatement, dans la limite du possible, à tout ce qui pouvait troubler la circulation des trains sur leur section, c'est-à-dire aux dégradations ou obstructions (enlever les grosses pierres placées en travers de la voie, les pièces de bois, en forme de coin, enfoncées sous les rails ou d'autres objets destinés à produire des déraillements). Les patrouilles devaient en outre bien prendre note de l'endroit où l'interruption de la circulation avait été préparée à dessein, afin d'être fixées sur le nom de la commune responsable et susceptible d'être châtiée.

Quand des rails avaient été détachés ou enlevés, il fallait en rendre immédiatement compte à la maison de garde-barrière la plus proche; si celle-ci n'était pas occupée, on devait courir à la station voisine. Malheureusement ces mauvais tours n'étaient pas rares, mais, par bonheur, nos patrouilles les constatèrent toujours à temps.

La sécurité du gîte d'étapes et de la voie ferrée nécessitait en outre l'envoi de fortes reconnaissances à grande distance. Dans le département de la Haute-Marne et notamment à Langres se formaient des rassemblements de gardes mobiles et de francs-tireurs; par suite, je reconnus la nécessité d'envoyer chaque semaine dans la direction de Chavanges, Saint-Dizier, Vassy, Chaumont une reconnaissance à l'effectif d'une compagnie de guerre pour se rendre compte de ce qui se passait dans ce voisinage suspect et se procurer des renseignements sur Langres et sa garnison. Le 2e bataillon du 62e régiment d'infanterie, très bien commandé par le major de Katzler, m'avait rendu d'excellents services à Vitry, quand il reçut, vers le 15 septembre, l'ordre de rejoindre le VIe corps sous Paris. C'est à regret que je vis partir ce brave bataillon si consciencieux; mais il lui tardait de se battre, ce dont il eût été injuste de le priver. Il fut remplacé à Vitry par le 1er bataillon du 6e régiment d'infanterie wurtembergeoise et l'état-major du régiment sous le colonel de Seubert. Ce brave et bon bataillon avait pour chef le major de Sonntag; il me rendit à son tour d'importants services.

J'organisai dès lors les grandes reconnaissances par compagnie, de telle façon que le reste du service dans la place et dans la circonscription ne pût en souffrir; elles s'acquittèrent de leur mission avec beaucoup de circonspection et d'adresse. Langres, même Chaumont, étaient trop éloignés pour envoyer 250 hommes jusque-là; c'est pourquoi les commandants de compagnie n'allaient d'abord que jusqu'à Vassy, Chavanges, etc., d'où ils se procuraient des renseignements sur Chaumont et Langres au moyen d'espions. Ceci fait, ils poussaient à quelques lieues plus loin, afin d'obtenir par d'autres espions confirmation des renseignements obtenus ou bien des nouvelles supplémentaires, et de constater également l'attitude de la population.

D'après le compte rendu de la première reconnaissance, le chemin de fer était en partie détruit et l'on avait fait sauter le viaduc de Chaumont; les défenses de la place de Langres avaient été renforcées et sa garnison augmentée considérablement par l'arrivée de gardes mobiles et de francs-tireurs. Voilà les renseignements rapportés par la compagnie wurtembergeoise à son retour, grâce aux relations nouées dans la première reconnaissance ; la seconde me fournit déjà des renseignements plus précis sur la force de la place de Langres et de sa garnison estimée à 14,000 hommes. Par contre, la destruction du viaduc de Chaumont restait douteuse, mais la destruction partielle de la voie ferrée fut confirmée. J'en rendis compte au commandant de la IIIe armée et au grand quartier général.

Si la destruction du viaduc de Chaumont restait problématique, celle du pont du chemin de fer sur la Marne à Vitry-le-François était un fait accompli, car trois arches manquaient totalement. Les Français l'avaient fait sauter et il en était résulté une brèche de 80 pas environ. Je reçus de la Direction des étapes l'ordre de rétablir ce pont en douze jours avec le concours de la section de construction des chemins de fer de campagne, afin que la circulation des trains sur Paris fût complètement rétablie, ce qui était très important au point de vue des opérations contre la capitale.

Je trouvai à Vitry le bois de construction nécessaire ; la mairie me fournit cent ouvriers sur réquisition, et le travail fut commencé le 5 septembre par la section de chemins de fer et une demi-compagnie du génie. On combla les trous de la Marne avec les pierres des arches détruites. Le pont en charpente qui avait été construit dans l'intervalle fut monté progressivement sur ce lit de pierres et l'ordre reçu par la section de chemins de fer, qui se montra très habile, fut ponctuellement exécuté. Le 17 septembre, à notre grande joie, le premier train put passer sur le pont réparé pour se rendre à Châlons. On fit des photographies du pont et un exemplaire en fut adressé au major von der Goltz, chef d'état-major de la Direction des étapes.

La partie refaite mesurait environ 80 pas ; elle était

d'une solidité telle qu'en 1873, lors de mon passage à Vitry, avant mon départ de France, des employés français du chemin de fer m'assurèrent que le pont pouvait tenir encore longtemps. Comme nous l'avons déjà vu plus haut, ce pont se trouvait en dehors de la Place; il fallait donc le mettre à l'abri d'une destruction en le faisant garder par un poste. On tenta plusieurs fois d'y mettre le feu : fin octobre et commencement de novembre, les sentinelles doubles les plus rapprochées aperçurent entre minuit et 1 heure des individus cherchant à se glisser vers le pont le long des buissons, au bord de la Marne. Leur « *Qui vive !* » restant sans réponse, elles tirèrent, mais les berges étant très raides, on ne put arriver assez vite au bord de l'eau.

Ces tentatives nocturnes s'étant renouvelées, je plaçai le soir au crépuscule des guetteurs dans la broussaille au bord de l'eau, et c'est ainsi que je réussis à découvrir le repaire de ces rôdeurs, qui faisaient partie des conducteurs du convoi auxiliaire français, employé au ravitaillement de la IIIe armée et parqué normalement dans l'ouvrage à cornes de la Place. Après avoir fait cerner le parc du convoi, je procédai à l'arrestation de 15 Français que je livrai au conseil de guerre de la Direction des étapes, après avoir dressé procès-verbal. Outre le pont du chemin de fer, la grande écluse du canal de la Marne fut également gardée par une sentinelle double; il fallait l'ouvrir de temps à autre pour remplir les fossés des remparts, afin d'éviter des émanations putrides pouvant occasionner des fièvres, précaution sur laquelle mon médecin en chef, le docteur Heller, avait attiré mon attention.

J'ajouterai que vers le commencement de novembre je reçus un ordre aux termes duquel le canal de la Marne devait de nouveau servir à la navigation. Nous l'utilisâmes au transport du bois et du sel. Au moment de l'occupation de Vitry, le canal n'était navigable que sur une longueur de 4 kilomètres en amont et de 2 kilomètres en aval de Vitry. L'alimentation en eau fut régularisée.

CHAPITRE III

Gare de Vitry *

Après le rétablissement de la circulation des trains sur Châlons, la gare de Vitry devint le centre effectif de la circonscription, bien que le bureau de l'étape de route continuât à rester installé au bureau de la Place, à cause des passages de troupes et de la nécessité de régler sur les lieux les affaires concernant les réquisitions, le ravitaillement de la garnison et le service hospitalier.

J'avais trouvé la gare dans un état déplorable. Les corps de troupes qui nous avaient précédés à Vitry avaient utilisé tous les locaux pour le cantonnement-bivouac, de sorte que les portes et les fenêtres, les hangars à locomotives et à wagons, les halles à marchandises durent être remis en état.

La cuisine, organisée seulement pour les besoins de petits trains de 200 hommes environ, se trouvait bien installée dans un hangar à voitures. Le bureau du commandant de gare fut installé dans les locaux du rez-de-

* Art. 149. — L'alimentation des troupes transportées en chemin de fer est assurée en principe par un commandant de gare. Le commandant d'étapes lui prête tout son concours en ce qui concerne la fourniture et la préparation des aliments, notamment quand il s'agit du transport de troupes nombreuses. L'alimentation des troupes à loger dans les gites d'étapes incombe aux commandants d'étapes.

chaussée ainsi que le poste de la gare à l'effectif de 30 à 40 hommes. Une surveillance rigoureuse était nécessaire à cause de la longueur de la gare; on avait du reste plusieurs fois tenté de fracturer des wagons à vivres pendant la nuit. Le magasin était bon et très spacieux; il se trouvait tout près de la voie. De grands transports de vivres et de munitions, etc., étaient constamment en route pour Paris, de même que du matériel et des effets; par contre, les trains sanitaires ne devinrent réguliers qu'à la fin de septembre. Les grands transports de pièces de siège et de parcs d'artillerie ne commencèrent qu'après la chute de Strasbourg; ils continuèrent sur une grande échelle après la capitulation de Metz. Cette période, qui dura jusqu'à la fin de décembre, époque où les envois de l'arrière à la IIe armée cessèrent, fut la plus active pour le commandement d'étape de route et de chemin de fer de Vitry. A partir de ce moment son importance cessa, bien que la Place restât jusqu'au milieu de décembre le point d'appui de la voie ferrée ouverte sur Chaumont.

A propos de la sécurité de la circonscription d'étapes et des voies ferrées, je fais la remarque suivante : si un gîte d'étapes est trop étendu par rapport à sa garnison, ou que le terrain ne se prête pas à une défense et qu'il faille se méfier de la population; si les nouvelles arrivées font craindre en outre une surprise nocturne, il est du devoir du commandant d'étapes de s'établir pendant la nuit dans le terrain en avant. A cet effet, il devra occuper dès le jour quelque ferme solidement bâtie un peu à l'écart ou sur une éminence, ayant de l'eau potable et organisée défensivement pour la nuit. Dans ce réduit il gardera auprès de lui comme otages quelques-uns des principaux habitants du gîte d'étapes ou de la circonscription. Il devra en outre approvisionner son réduit en vivres, munitions et combustible nécessaires.

Si le commandant d'étapes de Stenay avait pris ces précautions dans la dernière guerre, il n'aurait pas été surpris dans la nuit par les Français et fait prisonnier avec tout son personnel et sa garnison. Le commandant d'étapes est responsable de la sécurité de son gîte et ne doit pas se laisser surprendre.

Le Roi a exprimé tout son mécontentement à l'occasion de la surprise de Stenay, en rappelant les commandants d'étapes à la stricte observation des règlements et des ordres donnés en haut lieu.

CHAPITRE IV

Administration civile, Police *

Dès mon arrivée à Vitry, j'ordonnai la remise de toutes les armes de la circonscription. Dans l'espace de deux jours, on vint déposer à Vitry 1,500 fusils, pisto-

* Art. 153. — Le commandant doit prévenir par des mesures rationnelles tout désordre et toute exaction dans sa circonscription. Les plaintes des habitants doivent être examinées et recevoir dans le plus bref délai la suite qu'elles comportent à bon droit et en toute justice. Les fautes commises par des militaires de passage sont signalées à leur chef, pour être punies par lui s'il est officier; autrement elles le sont par le commandant d'étapes pour les hommes de troupe. Celles imputables aux officiers, chefs de détachement ou autres sont signalées aux supérieurs directs de ces officiers. Ces supérieurs sont tenus d'informer immédiatement le commandant d'étapes de la punition infligée comme suite à son rapport.

Art. 154. — Le commandant d'étapes exerce l'action nécessaire sur la police pour qu'elle fonctionne bien dans sa circonscription. En pays ennemi, il dirige personnellement ce service. Pour assurer le maintien de l'ordre, le directeur des étapes affecte à chaque commandement des gendarmes. Ceux-ci ont pour mission de surveiller avant tout les militaires isolés qui circulent sur la route d'étapes. Pour le reste, ils se conforment aux prescriptions relatives au service général de la gendarmerie de campagne.

Art. 155. — Le commandant exerce une influence prépondérante sur l'administration civile en pays ennemi. L'administration lui est subordonnée en tout ce qui touche aux intérêts de l'armée. En général, l'exploitation du pays est plus facile et à la longue plus fructueuse, si l'on fait participer à l'administration les habitants idoines.

lets, sabres, coutelas. On les munit d'une étiquette portant le nom des déposants pour les conserver à l'arsenal. On sait qu'en pays ennemi la police est exercée par le commandant d'étapes sur tout son territoire, tant qu'un gouverneur général ou un commissaire civil n'en ordonne pas autrement. Comme on n'avait pas installé de gouvernement dans la Lorraine et dans la Champagne avant le 15 septembre, j'assumai dans l'arrondissement de Vitry l'administration de la police jusqu'à l'arrivée du lieutenant de Gössel du 62e régiment, officier distingué qui fut investi des fonctions de sous-préfet. Il prit alors la direction de la police et s'en acquitta aussi bien que le meilleur des fonctionnaires civils.

Pendant mon intérim, divers litiges ou plaintes de Vitry et des cantons furent portés devant mon tribunal. Tous les jours, de 2 heures à 4 heures, mon bureau fut un prétoire. Les affaires qui n'entraînaient qu'une peine disciplinaire furent réglées séance tenante; quant aux délits graves, ils furent soumis à la juridiction de la Direction des étapes de Nancy, à laquelle était attaché un auditeur (fonctionnaire de la justice militaire), mes pouvoirs se limitant seulement à trois semaines de cellule et six semaines de prison. Je ne tardai pas à constater que ces punitions rigoureusement subies, notamment la suppression des repas chauds pendant deux ou trois jours, produisaient le meilleur effet. Dans la ville je trouvai le personnel de police nécessaire, dirigé par l'honorable docteur Valentin, maire de la ville, lequel s'acquittait de ses fonctions avec intelligence et fermeté. Je lui abandonnai le soin de régler le service courant dans la ville pour tout ce qui n'était pas régi par le code militaire, substitué en principe au règlement de police.

Les agents de police se sont toujours montrés obéissants et pleins de tact, ce qui me permit de les laisser en fonctions. Tous les matins, à 7 heures, l'un deux se présentait à la Place pour recevoir mes ordres, etc.

Le grand-duc de Mecklembourg François II, ayant été nommé gouverneur général en résidence à Reims, combla les vacances de préfets ou sous-préfets dans son territoire. Il fit plusieurs proclamations qui furent affichées en français et en allemand. Il permit en outre aux vignerons de faire leurs vendanges. Comme il assiégeait à cette époque la place de Toul, j'eus fréquemment l'occasion de le voir à son passage à Vitry pendant la nuit, quand il allait de Reims à Toul ou inversement, pour lui faire mon rapport et répondre à ses questions.

D'ordinaire, le grand-duc arrivait à minuit, et après avoir changé de chevaux et pris du café, ce qui lui prenait environ trois quarts d'heure, il continuait son voyage avec son chef d'état-major, le colonel de Krensky, sur Châlons ou Bar-le-Duc, sans attendre ses aides de camp. Par ordre du Roi, je devais fournir à S. A. R. une escorte de quatre dragons commandés par un sous-officier et prélevés sur le peloton qui m'était affecté. Une fois le pont-levis franchi, le grand-duc les renvoyait.

Un jour je rendis compte au grand-duc que le Roi avait prescrit à tous les commandants d'étapes de réquisitionner une grande quantité de gilets, caleçons et bas de laine pour les troupes. S. A. R. m'ayant demandé mon opinion à ce sujet, je lui répondis que cette mesure avait peu de chances de réussir, car tout le stock en magasin chez les marchands s'était évanoui dès la publication de l'ordre de réquisition. A mon humble avis, il fallait faire cesser le chômage dans les fabriques de lainages et occuper les ouvriers errants, qui cesseraient ainsi de fournir leur contingent aux bandes de francs-tireurs.

La grande quantité d'effets de laine nécessaires à l'armée pouvait ainsi être fabriquée en peu de temps, à condition de payer les livraisons et d'en comprendre le montant dans les dépenses générales, dont on se couvrirait ensuite par l'indemnité de guerre.

Le grand-duc trouva ma proposition acceptable et me promit d'en parler au Roi à l'occasion du voyage qu'il devait faire sous peu à Versailles. Il tint parole, car, dès son retour à Toul, il m'avisa que les réquisitions d'effets de laine étaient suspendues et qu'on allait s'en procurer par d'autres moyens.

Après la capitulation de Toul, je n'eus plus l'honneur et le plaisir de revoir le grand-duc à Vitry; il alla assiéger Soissons, et, peu après la chute de cette place, il céda le gouvernement général de Reims au général de Rosenberg, pour prendre le commandement de la 17e division d'infanterie et de la division wurtembergeoise. Ce grand seigneur aimable et chevaleresque, tout prince régnant qu'il fût, a toujours rempli ses devoirs militaires comme le dernier des soldats, en donnant le bon exemple à ses inférieurs. Ses ordres étaient brefs et précis; il tenait rigoureusement à leur exécution, tout en se montrant bienveillant et plein de ménagements. Ce prince s'est ainsi concilié en peu de temps l'amour de ses subordonnés et même la sympathie reconnaissante des habitants du territoire ennemi. Tout le monde regretta le départ d'un gouverneur général qui avait montré tant de justice et de sollicitude à l'égard de ses administrés. Autant que le permettaient les lois de la guerre, il avait laissé l'administration de

2

la police aux maires, mesure qui avait donné de bons résultats.

A moins d'être contraint à agir autrement, il faut autant que possible, en territoire ennemi, maintenir les autorités administratives en fonctions, du moins lorsqu'elles consentent à se plier à la volonté du vainqueur.

CHAPITRE V

Gendarmerie de campagne *

La gendarmerie de campagne, étant un organe d'exécution et l'auxiliaire des autorités militaires, doit se signaler par sa bonne attitude et son intervention efficace. Elle doit se faire respecter et inspirer confiance aux troupes ainsi qu'aux habitants du territoire ennemi. Cette troupe d'élite devra être employée partout où il s'agit de pourvoir à la sécurité d'une localité ou d'une région, de trouver la trace d'affiliations secrètes ou de conspirations, afin de mettre au moment voulu la main sur les meneurs et leurs moyens d'action.

Par suite il est très désirable que deux ou trois gendarmes soient affectés à chaque commandant d'étapes, ce qui lui permettra de se procurer des renseignements sûrs de tous côtés. Si la Direction des étapes ne pouvait lui en fournir, il confierait la surveillance dans les gares à d'excellents sous-officiers. J'utilisais mes gendarmes dans la journée à transmettre des comptes rendus importants,

* Art. 66. — L'officier de gendarmerie (de la Direction des étapes) traite les affaires concernant le détachement de gendarmerie, arrête la répartition des gendarmes à détacher, propose les mesures nécessaires et surveille ses subordonnés dans l'accomplissement de leurs devoirs. L'instruction sur le service de la gendarmerie en campagne donne la composition des détachements de gendarmerie avec leurs attributions.

à faire des constatations, à surveiller la gare. Jusqu'à 11 heures du soir environ, ils faisaient des rondes dans la ville et aux abords immédiats. Quant aux arrestations, je les faisais faire le matin à la première heure; elles étaient suivies de perquisitions fructueuses, notamment en ce qui concernait les levées secrètes ordonnées par Gambetta. De même je fis procéder à des recherches dans les quartiers signalés comme dangereux pour les militaires à loger, ce qui me fournit du reste l'occasion d'ouvrir une instruction judiciaire fertile en résultats.

Quand une troupe a passé la nuit dans un gîte d'étapes ou à proximité et qu'il manque des hommes au départ, on devra en rendre compte au commandant d'étapes, dont le strict devoir est de rechercher les manquants, et, au moindre indice suspect, de faire le procès des logeurs. Les hommes restés en arrière ou ceux qui se présenteront plus tard partiront avec un autre convoi.

Les hommes ne devront jamais être logés individuellement chez l'habitant; si on ne peut pas les cantonner par escouade, il faudra les loger par deux. A cet égard, le commandant d'étapes ne doit pas transiger avec les municipalités; d'ordinaire, elles ménagent les notables qui disposent de beaucoup de place et envoient les hommes chez les petits bourgeois, où ils sont souvent isolés et mal logés.

Malgré les difficultés que j'ai rencontrées à cet égard, je dois avouer que le maire, docteur Valentin, et le conseil municipal de Vitry m'ont toujours soutenu par devoir sans entretenir avec l'ennemi des relations critiquables.

Depuis notre installation à Vitry, le maire et la municipalité s'étaient toujours montrés soucieux des soins exigés pour la garnison allemande; les troupes du

VIe corps, les premières qui aient été de passage à Vitry, avaient été également bien accueillies et bien nourries, et la ville s'était imposé à cet effet de gros sacrifices. Le 8 septembre 1870, on frappa les habitants du territoire occupé d'une forte contribution de guerre, afin de remplir les magasins de la IIIe armée en marche sur Paris. Vitry devait verser 27,000 francs, mais sur ma proposition et sur les instances du maire et des contribuables, la Direction des étapes fit remise de cette somme à la ville. Quand je vins apporter au docteur Valentin cette bonne nouvelle, il était malade. C'était le début d'une fièvre typhoïde, qui ne fit que s'aggraver et à laquelle il succomba vers le milieu d'octobre. Ce fut un deuil général pour la population, comme pour la garnison.

Les officiers du 6e régiment d'infanterie wurtembergeoise, le commandant d'étapes et son personnel assistèrent au service funèbre à l'église paroissiale et accompagnèrent le corps du brave maire jusqu'au cimetière.

CHAPITRE VI

Alimentation, Magasins *

Après la sécurité du gîte et de la ligne d'étapes, l'alimentation des troupes est le point capital. Si l'on n'y a pas suffisamment pourvu et que le commandant d'étapes ait négligé de remplir son magasin, c'est une mauvaise affaire pour lui. Des négligences, des lenteurs, de l'indolence à cet égard peuvent compromettre l'existence, la santé et la vigueur des troupes.

* Art. 149. — L'alimentation des troupes cantonnées dans le gîte est assurée par le commandant d'étapes. Celui-ci dispose au besoin d'un préposé aux vivres fourni par l'autorité supérieure (Direction des étapes ou commandant de région), lequel assure l'administration et l'approvisionnement du magasin d'étapes et fournit les vivres nécessaires aux troupes. Souvent il est possible, même en pays ennemi, de charger l'autorité civile de pourvoir et d'administrer un petit magasin, ou bien quand elle ne fonctionne plus, d'en charger des notables.

Art. 164. — On devra déterminer les ressources en logement et tenir une liste des tours d'occupation, en ayant constamment une provision de billets de logement tout prêts.

Art. 165. — Nul ne peut obtenir ni logement, ni vivres, ni moyens de transport dans le ressort d'un commandant d'étapes sans son ordre.

Les billets de logement doivent mentionner exactement et autant que possible, non seulement en allemand, mais aussi dans la langue du pays, les obligations du logeur.

Art. 166. — Autant que possible, le logement comporte les vivres. L'autorité locale aide en argent ou en denrées les habitants les plus pauvres.

Tout d'abord le commandant d'étapes se préoccupe de sa garnison. Si celle-ci est logée dans des casernes ou dans des bâtiments publics, c'est la municipalité qui doit assurer la nourriture, comme il est prescrit pour le temps de guerre; elle peut aussi fournir les vivres en nature avec le combustible et les cuisines nécessaires, où les troupes prépareront elles-mêmes leurs aliments.

Toutes les troupes de passage logées par le commandant d'étapes sont nourries par l'habitant, qui leur fournit le déjeuner, le repas de midi et celui du soir. Les billets de logement doivent en faire mention. Au bureau du gîte d'étapes, il y a toujours au moins 200 billets tenus prêts pour la ville ou ses environs immédiats, s'il n'y a pas de place au gîte, afin de pouvoir loger instantanément les arrivants, notamment la nuit. Si en territoire ennemi, les ressources en vivres d'une localité sont épuisées par suite de réquisitions en nature, il appartient à la municipalité de fournir aux habitants les vivres nécessaires, mais le commandant d'étapes peut aussi se voir obligé de venir en aide à la ville surtout pour le pain, comme il m'est arrivé fréquemment à Vitry. En tout cas, un commandant d'étapes ayant des magasins bien remplis peut dormir tranquille; il envisagera l'avenir avec confiance, et c'est un vrai plaisir pour lui de répondre aux désirs des troupes et de les voir repartir réconfortées, gaies et reconnaissantes de ce qu'on a fait pour elles.

Mais, pour arriver à ce résultat, le commandant d'étapes doit faire l'estimation des effectifs, qui peuvent lui arriver des divers côtés; il lui faut compter en outre sur quelques milliers d'hôtes imprévus.

Les ordres qu'il donnera aux gestionnaires de son magasin pour la constitution des approvisionnements seront basés sur l'ensemble de ces évaluations. Sur ce point, le commandant d'étapes n'admettra point d'objections. Il ne devra pas se laisser arrêter par les fortes dépenses qui pourront incomber à l'État, pour que ses magasins soient toujours au grand complet. Ce n'est pas la Direction des étapes qui lui mettra des bâtons dans les roues : celle de la IIIe armée a toujours été enchantée d'apprendre que mes magasins étaient bondés, quand les détachements ayant traversé Vitry lui faisaient connaître combien ils s'estimaient heureux d'avoir pu s'y réapprovisionner. Le commandant d'étapes ne peut que gagner en prestige, quand les troupes de passage trouvent le nécessaire à l'étape. Qu'on pense seulement à la situation d'une armée n'opérant pas dans un pays aussi fertile que la France, dont les deux dernières récoltes avaient été excellentes! Les caves et les greniers étaient remplis; on pouvait procéder à des réquisitions de vivres et de fourrages chez l'habitant même, ou faire des achats directs. En supposant qu'on fasse la guerre dans un pays manquant de tout, les approvisionnements ayant été détruits par l'habitant, on ne pourra faire vivre les troupes que sur les magasins; c'est alors que le commandant d'étapes devra prendre à l'avance ses mesures pour les remplir. Il fera ses commandes au fur et à mesure des distributions qu'il fait ou qu'il prévoit, afin de combler à temps les vides.

En admettant même la possibilité du déplacement de l'échiquier des troupes à nourrir ou la fin subite de la campagne, il vaut mieux vendre des excédents à perte que de voir l'armée souffrir de la faim un seul jour. Du reste, les approvisionnements existants à la fin de la campagne peuvent facilement être remportés en wagons;

j'y reviendrai du reste à propos de l'évacuation de Versailles.

Le surlendemain de mon installation à Vitry, je reçus du sous-chef d'état-major de la IIIe armée, colonel de Gottberg le télégramme suivant :

« Au moyen de toutes les ressources dont vous dis-
« posez, vous assurerez l'alimentation de la IIIe armée
« marchant le 5 septembre sur Paris. Vos convois seront
« dirigés sur Monceaux-les-Provins (1) et Châlons-sur-
« Marne. Votre premier envoi devra atteindre ces points
« dans les cinq jours. » Signé : de Gottberg.

Comme je ne connaissais pas encore bien Vitry, y étant depuis 48 heures à peine, cette mission était un véritable thème d'examen d'aptitude à mon entrée en campagne. A peine eus-je reçu le télégramme que je fus avisé de l'arrivée du général de Gotsch, directeur des étapes, accompagné du major von der Goltz, son chef d'état-major. Je me présentai à eux et leur communiquai le télégramme reçu. Nous conférâmes également sur la suite à donner à un autre ordre un peu antérieur au sujet de la réparation du pont du chemin de fer, qu'on avait fait sauter.

Le chef d'état-major reconnut l'étendue de ma tâche si complexe. Il me la facilita en faisant immédiatement des calculs sur les denrées à réunir, les attelages, etc., afin que les ordres de réquisition fussent lancés immédiatement et que les deux magasins nécessaires pussent être constitués à bref délai (2).

(1) Localité peu importante située sur la route de Corbeil par Esternay et Rozoy-en-Brie.

(2) Art. 177. — Le commandant d'étapes organise un parc de voitures

Deux heures plus tard, les ordres nécessaires étaient portés par des cavaliers aux maires des chefs-lieux de canton, afin que, dans les deux jours, les magasins à créer pussent être remplis de vivres et de fourrages. L'intendance du VIe corps mit volontiers à ma disposition le comptable Fabian avec un adjoint. Pendant trois semaines, tous deux, aidés de mon contrôleur de magasin de Kalkstein, me rendirent des services signalés pour le ravitaillement de la IIIe armée.

Le comptable Fabian, rappelé par ses chefs, eut un bon successeur dans le secrétaire Apstein.

Je requis pour la IIIe armée quelques centaines de bœufs, qui furent parqués dans une vaste prairie avec un grand nombre de porcs.

Le nombre des attelages s'élevait à 300 voitures, pour la plupart à un cheval. J'en formai un bataillon du train qui alla camper dans l'ouvrage à cornes de la Place sous les ordres d'un officier disposant de 3 sous-officiers et de 50 hommes.

Les conducteurs français reçurent un brassard blanc avec l'inscription suivante en caractères imprimés :

« Commandement d'étapes de Vitry-le-François n° (matricule). »

C'était là un rôle important confié à un lieutenant en second. Il fut successivement rempli par un officier du 62e régiment d'infanterie et un autre du 6e régiment d'infanterie wurtembergeoise. Tous deux s'acquittèrent bien de leur mission et furent pour moi des auxiliaires

pour les éclopés, le réapprovisionnement du magasin, les envois postaux, les courriers, etc., et crée des relais pour accélérer les mouvements et permettre aux voitures de continuer leur marche, tandis que les attelages reviennent en arrière. Eviter de pousser les attelages au delà de l'étape suivante.

infatigables. Les conducteurs étaient soumis à une discipline rigoureuse. Ils recevaient la nourriture sans solde.

Les magasins ayant commencé à se remplir de pain, de vin, de lard, de sel, de cigares, etc., d'avoine, de foin, de paille, avec le concours des employés et des maîtres d'école de la commune de Vitry, les convois réguliers pour Monceaux-les-Provins et Châlons commencèrent à partir.

Je divisai à cet effet mon convoi auxiliaire en trois échelons à 100 voitures chacun avec une escorte pour le trajet. Le premier échelon partit le 8 septembre pour Monceaux-les-Provins à l'effectif de 100 voitures escortées par un sergent-major et 50 hommes. L'avant-garde était formée par trois dragons du 15e régiment. Au préalable, ils avaient réuni le troupeau d'environ 100 bœufs parqués dans la prairie mentionnée plus haut, sous la surveillance de bergers.

Les voitures du convoi devaient se réunir à 8 heures du matin devant les magasins pour recevoir leur chargement. A 4 heures du soir, elles se trouvèrent en file sur la petite route de Paris, la tête à la prairie, où je vins leur passer l'inspection.

Voici la composition du convoi :

15 voitures de pain............	360 quintaux (1).
5 voitures de lard............	115 quintaux.
8 voitures de vin............	4.750 litres.
6 voitures de cigares..........	260,000 cigares.
6 voitures de sel.............	90 sacs à un quintal.
50 voitures d'avoine...........	1,030 quintaux.
10 voitures de porcs...........	40 bêtes.
100 voitures.	

(1) A 50 kilogrammes (100 livres) avant l'adoption du système métrique en Allemagne.

Il faut y ajouter un troupeau d'environ 100 bœufs. Dans la période de 24 jours qui s'est écoulée du 5 au 29 septembre, pendant laquelle le commandant d'étapes de Vitry a dû assurer l'alimentation de la IIIe armée, les envois sur Monceaux-les-Provins et Châlons-sur-Marne ont consisté dans environ :

2.400 voitures de vivres.
2,000 bœufs.
800 moutons.

Grâce à Dieu, ils sont tous arrivés heureusement à destination.

Le sergent-major chef du convoi recevait de moi une feuille de route ne portant, comme gîtes, que des localités situées dans un terrain favorable avec des prairies, où une surprise de l'ennemi n'était pas probable. Le secret du gîte pour la nuit n'était révélé que par l'ordre de faire halte et de bivouaquer.

Le premier convoi mit trois jours pour faire les 90 kilomètres jusqu'à Monceaux-les-Provins, où il arriva sans accident. Après avoir déposé son chargement, il revint au bout de cinq jours à Vitry sous la même escorte, sans avoir perdu ni un cheval, ni un conducteur. — Je ne fis partir le deuxième convoi pour Monceaux que le lendemain du départ du premier. Le deuxième jour, j'envoyai le 3e échelon du parc auxiliaire sur Châlons-sur-Marne ; ces 100 voitures ne partirent que le cinquième jour pour Monceaux-les-Provins, alors que le premier échelon en revenait. Dès lors il y eut journellement des convois pour Monceaux ou Châlons. C'est ainsi que le 20 septembre, par exemple, 68 voitures allèrent à Monceaux et 64 avec du bétail à Châlons. Le 23 septembre, 87 voitures partirent pour Monceaux et le 24 septembre

105, alors que le 24 septembre 40 se rendirent à Châlons.

Après avoir ravitaillé la troisième armée jusqu'à la fin de septembre par ses convois, le parc auxiliaire fut licencié par ordre de la Direction des étapes. Une partie des conducteurs furent congédiés, ayant été réclamés par la préfecture et les autorités cantonales; 115 allèrent à Corbeil et les 79 voitures restantes furent cédées au commandant d'étapes de Château-Thierry, pour continuer à servir à des transports sur Paris.

Un des grands magasins de Vitry fut supprimé; celui de la gare, très bon et spacieux, fut conservé. Aussi longtemps que la circulation des trains entre Bar-le-Duc et Vitry fut suspendue, il nous arrivait journellement des convois de malades, de prisonniers, des traînards qu'il fallait loger et nourrir.

Les convois de 100 à 200 prisonniers étaient logés dans la prison civile, où la ville assurait leur subsistance jusqu'au départ. Je reviendrai plus tard sur les gros convois de prisonniers venus d'Orléans et dirigés sur l'Allemagne.

Vers l'époque de l'ouverture du chemin de fer sur Paris, la division mixte wurtembergeoise, devenue disponible comme cessant d'être affectée à la défense des côtes, arriva par voie de terre à Vitry, où elle fut cantonnée en partie. La 33e brigade d'infanterie, sous les ordres du général de brigade baron de Kottwitz, arriva tout d'abord; vint ensuite la 34e brigade et finalement celle des dragons mecklembourgeois, sous le colonel baron de Willisen, laquelle fut cantonnée à Vitry et aux environs ainsi que le régiment de grenadiers mecklembourgeois.

La brigade de dragons (17e brigade de cavalerie), en

quittant Vitry, devait marcher sur Paris en suivant un itinéraire à l'ouest de la grande route. Ayant été chargée d'une mission d'une certaine durée, elle se pourvut de cinq jours de vivres et d'avoine fournis immédiatement par le magasin du gîte d'étapes.

C'était un plaisir de voir passer à Vitry cette division mecklembourgeoise, si parfaite sous tous les rapports.

CHAPITRE VII

Vitry après la capitulation de Metz *

(POINT DE CROISEMENT DES LIGNES DE COMMUNICATION DES IIe ET IIIe ARMÉES)

Quelques jours avant la capitulation de Metz, l'inspecteur d'étapes (de corps d'armée), colonel de Kehler arriva de Nancy pour inspecter les commandements d'étapes du VIe corps. Il vit tous mes services en détail et se déclara satisfait. Vint ensuite le lieutenant-colonel de Legat, du régiment de fusiliers mecklembourgeois ; il avait été délégué spécialement par le ministère de la guerre pour passer l'inspection minutieuse de tous les commandements d'étapes de la IIIe armée. Lui aussi exprima toute sa satisfaction de l'organisation et du fonctionnement du service à Vitry.

Survint la capitulation de Metz devant l'armée du prince Frédéric-Charles. Ce grand événement militaire

* Art. 48. — Pour être constamment renseigné sur la manière dont les autorités d'étapes remplissent leur rôle et s'assurer qu'elles prennent partout une initiative rationnelle, le directeur parcourt de temps en temps les lignes d'étapes et fait passer en outre des inspections fréquentes par des officiers qu'il désigne (par son chef d'état-major par exemple).

Art. 49. — Il peut détacher pour un temps donné et dans un but spécial des chefs de service sur un point, où des difficultés d'une nature particulière réclament leur direction éclairée.

fut fêté à Vitry par une grande retraite aux flambeaux, musique wurtembergeoise en tête. Les Français qui considéraient Metz comme imprenable étaient atterrés. Quant à moi, je reçus de la IIe armée l'ordre suivant :

« Les dix sections de munitions de réserve de la « IIe armée partent demain par le chemin de fer pour « Vitry, où elles seront débarquées. Vous compléterez « leurs attelages actuels, qui sont de 32 chevaux, à « 92 pour chacune et les mettrez en marche dans les cinq « jours sur Orléans, vers la IIe armée.

« Vous constituerez en outre pour la IIe armée un parc « auxiliaire de 60 voitures à quatre roues attelées cha- « cune à deux chevaux solidement harnachés. Vous êtes « autorisé à mettre au besoin à contribution les com- « mandements d'étapes voisins.

« Le prince Frédéric-Charles vous rend responsable « de l'exécution ponctuelle de cet ordre.

De la part de l'état-major de la IIe armée.

Bientôt après je reçus un autre télégramme, par lequel j'étais prié de « pourvoir à la sécurité de la route de « poste de Vitry à Troyes par Lesmont, et de la faire « occuper par des troupes de la garnison de Vitry, la « IIe armée n'ayant pas de monde disponible à cet « effet ».

Me voilà donc mêlé au service de la IIe armée d'une façon sérieuse. Les deux tâches à remplir étaient d'une importance toute particulière et réclamaient beaucoup d'énergie et de circonspection.

Dans l'espace de cinq jours, je devais me procurer 60 chevaux pour chacune des dix sections de munitions, soit 600 en tout, plus de 120 autres avec 60 voitures à quatre roues et de bons harnais pour un convoi à constituer de toutes pièces.

Ayant formé, au commencement de septembre, un convoi auxiliaire de 300 attelages pour la IIIe armée, au moyen de réquisitions opérées dans l'arrondissement de Vitry, ma nouvelle mission consistant à en réunir plus du double pour la IIe armée était des plus difficiles.

Je me rendais bien compte qu'il fallait m'en acquitter avec la plus grande ponctualité. Quelle responsabilité n'aurais-je pas encourue si le prince Frédéric-Charles, engagé dans de grandes luttes qu'on pouvait prévoir, n'avait pas ses munitions de réserve sous la main?

Le manque de munitions, à un moment donné, pouvait avoir des conséquences funestes, voire même irréparables, pour tout le reste de la campagne. Je m'en remis à la Providence et communiquai confidentiellement cet ordre au lieutenant saxon baron d'Ardenne faisant fonctions de sous-préfet à Vitry, car il n'y avait que nous deux pour tenir conseil, mon major de place étant atteint d'une ophtalmie qui le rendait indisponible. Il nous fallait promptement arrêter un plan et le mettre immédiatement à exécution, afin de ne pas donner aux Français le temps de se concerter.

L'arrondissement de Vitry étant divisé en quatre secteurs (N., S., E., O.), nous résolûmes de mettre successivement chacun d'eux à contribution pour un quart des chevaux et voitures à fournir à un jour d'intervalle. Nous commençâmes par les cantons du secteur N.

Pour ne pas éveiller de défiance, les ordres de réquisition, transmis par des cavaliers, disaient qu'il s'agissait seulement du transport des sections de munitions jusqu'à Lesmont, distant de deux étapes. Les chevaux et voitures devaient être fournis immédiatement sous peine d'une forte amende.

Ce n'est pas sans une vive anxiété que nous attendîmes l'heure de midi, le deuxième jour, et quelle ne fut pas notre joie en voyant arriver, vers 1 heure, le nombre de chevaux nécessaires, soit 179 et 15 voitures basses. Un seul cheval manquait.

Ces 179 chevaux purent être affectés aussitôt à deux sections de munitions et demie, pour leur permettre de se diriger le lendemain matin sur Orléans par Troyes. Le deuxième jour, les cantons du secteur S. reçurent le même ordre et fournirent, le troisième jour, ponctuellement et au grand complet, les attelages exigés.

Ces chevaux furent également affectés à deux sections et demie de munitions, lesquelles, une fois complétées, partirent pour Orléans le quatrième jour.

Ce fut ensuite le tour des secteurs E. et O; eux aussi ne furent pas en retard, mais si les voitures étaient au complet, il manquait cependant des chevaux. Il nous fallait trouver 90 chevaux ailleurs. Notamment le secteur O. qui comprenait Vitry avait pu fournir beaucoup moins que son compte, la ville n'ayant pas cessé d'être mise à contribution en d'autres occasions.

Les cinq dernières sections de munitions purent partir le cinquième et le sixième jour pour Orléans ainsi que le commandant des dix sections major baron de Troilo.

Afin de me procurer les 90 chevaux qui me manquaient pour constituer le convoi auxiliaire, j'usai de mes pleins pouvoirs et adressai une réquisition aux circonscriptions d'étapes voisines, à celles de Saint-Dizier et de Châlons, en informant les commandants d'étapes que le prince Frédéric-Charles les rendait responsables de l'exécution ponctuelle des ordres. Cet avis électrisa leur zèle: le lendemain, à 1 heure de l'après-midi, deux détachements de uhlans m'amenèrent chacun 45 chevaux qu'ils avaient enlevés de nuit et par surprise dans les localités désignées.

Le sixième jour, le beau convoi auxiliaire fut également mis en route pour Orléans par Troyes. Naturellement, il ne pouvait être question de le renvoyer à son arrivée à Lesmont. C'est ainsi que les dix sections de munitions furent emmenées aux batailles d'Orléans, du Mans, etc. Les conducteurs français prirent part à ces batailles et combats, mais plus d'un profita au bivouac d'une occasion favorable pour s'éclipser.

Le lieutenant d'artillerie Riéger, qui avait commandé une des sections de munitions, me raconta plus tard à Breslau que, dans la bataille du Mans, il avait dû faire avancer sa section sous un feu très vif, et que les conducteurs français avaient fait leur devoir sans broncher (1). Cet officier fut blessé dans cette affaire et mourut cinq ans plus tard à Breslau des suites de sa blessure.

Après le départ des sections de munitions, il me fallut encore mettre en route le détachement d'ambulance et le dépôt des hôpitaux. Comme je n'avais besoin à cet effet que d'un petit nombre de chevaux, je n'éprouvai aucune difficulté.

En ce qui concernait la route de Troyes par Lesmont, dont la sécurité devait incomber à la garnison de Vitry, je ne pouvais exécuter l'ordre donné, le bataillon unique qui constituait la garnison de Vitry suffisant à peine pour garder à la fois la Place et 40 kilomètres de

(1) S'ils avaient eu la notion claire de leur devoir, ils auraient imité l'exemple de leurs camarades qui avaient réussi à s'esquiver, mais il est plus que probable qu'on les surveillait de très près, afin de les empêcher de fuir. (*Note du traducteur.*)

voie ferrée. Pourtant la chance me favorisa, car, peu après la réception du télégramme, 160 hommes du 3e régiment d'infanterie hessoise, commandés par le lieutenant de Cancrin, traversèrent Vitry. Je pris sur moi de les retenir et envoyai à leurs trousses une patrouille de cavalerie qui leur transmit l'ordre de s'arrêter à Lesmont, d'occuper jusqu'à nouvel ordre cette ville et le pont sur l'Aube et de pourvoir à la sécurité de la route de Troyes. Le lieutenant de Cancrin exécuta immédiatement cet ordre et le prince Louis de Hesse, commandant la division hessoise, ne tarda pas à m'informer que cet officier resterait à ma disposition à Lesmont aussi longtemps que je le jugerais nécessaire.

Le lieutenant de Cancrin remplit à Lesmont les fonctions de commandant d'étapes. La ville pourvut à la subsistance de son détachement.

Le pont sur l'Aube avait été occupé par un petit poste. Dès la première nuit, ses sentinelles doubles essuyèrent des coups de feu par derrière; elles ripostèrent jusqu'à l'arrivée du soutien, qui mit les francs-tireurs en fuite. On ne les revit plus, car le lieutenant de Cancrin faisait fouiller constamment les environs par de fortes patrouilles.

Le détachement hessois resta jusqu'au 15 décembre 1870 à Lesmont, où il veilla d'une façon énergique et intelligente à la sûreté absolue de la route de poste de Vitry à Troyes. La IIe armée ayant pris Orléans, sa ligne de communication cessa dès lors de passer par Vitry; elle passa par Versailles, Corbeil, Lagny. Par suite, le détachement hessois alla rejoindre son corps.

Aussi longtemps que subsista la ligne de communication de Vitry à Troyes par Lesmont, je fis partir chaque jour à 7 heures du matin les quatre ou cinq voitures requises pour le service postal, en leur adjoignant une escorte d'infanterie et de cavalerie.

D'ordinaire, la force de l'escorte était de 1 officier et 15 hommes d'infanterie, plus 4 cavaliers du 26e régiment de landwehr pour former l'avant-garde.

Les voitures étaient occupées par des officiers, fonctionnaires, soldats isolés qui rejoignaient la IIe armée. L'escorte pouvait également en profiter, car l'étape jusqu'à Lesmont était de près de 40 kilomètres et la route, en mauvais état, était couverte de neige et de glace, qui rendaient la marche difficile. Malgré les soins qu'on leur donnait, les chevaux de mon peloton furent presque tous fourbus au bout de trois semaines.

Le courrier postal pour la IIe armée était très important. Au relais de Vitry stationnait un fonctionnaire spécial des postes pour la IIe armée. Un employé, porteur des clefs du fourgon postal de campagne, accompagnait le convoi. Les envois d'argent pour la IIe armée étaient très considérables. Ils s'élevaient parfois à plusieurs centaines de mille thalers (1).

A Lesmont, le lieutenant de Cancrin fournissait des chevaux de relais, assurait la nourriture du convoi, subvenait à ses autres besoins et faisait le nécessaire pour qu'il pût arriver sans encombre le même jour à Troyes.

Une fois la route d'étapes de Vitry à Troyes supprimée, toute communication cessa entre la IIe armée et Vitry, qui ne fut plus qu'un gîte d'étapes pour la IIIe armée.

Les trains qui amenaient des troupes de Metz se succédaient jour et nuit dans la gare de Vitry. Ce fut

(1) Un thaler = 3 fr. 75.

d'abord la 4e brigade d'infanterie envoyée dans le Nord, puis le IIe corps transporté vers Paris.

Les trains de jour s'arrêtaient une à deux heures à la gare pour me permettre de distribuer aux troupes du vin, du pain, du lard, etc. Quant à ceux qui devaient passer la nuit à Vitry, les chefs de détachement pouvaient opter pour le cantonnement en ville, des billets étant préparés par escouade. Des soldats de la garnison étaient désignés pour conduire les escouades dans les maisons et les ramener le lendemain matin à la gare, où tout était prêt pour le départ.

A l'occasion du passage du IIe corps à Vitry, j'eus le plaisir de me trouver en présence du commandant du corps d'armée, général Franzecki, de son chef d'état-major, colonel Wichtmann et des deux divisionnaires Hann de Weyhern et de Hartmann. Ils me remercièrent chaudement de l'accueil fait à Vitry au IIe corps, qui avait pu en outre s'y ravitailler en vivres et fourrages. Le commandant du corps d'armée me répéta qu'il n'oublierait jamais ma sollicitude à l'égard de ses troupes.

La dernière fraction du IIe corps qui ait traversé Vitry fut le 14e régiment d'infanterie, dont le bataillon de fusiliers, cantonné dans la ville, avait envoyé, le 19 novembre au soir, un détachement en réquisition au village de Cool, où l'on aperçut un gros ballon, qui ne tarda pas à atterrir. Le détachement, sous la conduite du payeur du bataillon, accourut, trouva le ballon entouré de villageois, mais son équipage avait pris la fuite, en abandonnant des appareils photographiques, une caisse de plaques, un paquet de journaux de Paris datés du 19 novembre, du pain et des bouteilles vides. Le payeur me rapporta le ballon à Vitry. Le pavillon tricolore portait l'inscription « le Niepce ». Le ballon, ancres et cor-

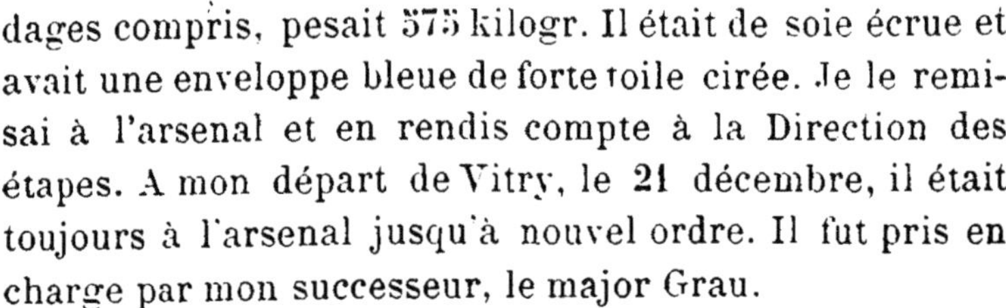
dages compris, pesait 575 kilogr. Il était de soie écrue et avait une enveloppe bleue de forte toile cirée. Je le remisai à l'arsenal et en rendis compte à la Direction des étapes. A mon départ de Vitry, le 21 décembre, il était toujours à l'arsenal jusqu'à nouvel ordre. Il fut pris en charge par mon successeur, le major Grau.

CHAPITRE VIII

Grands convois de prisonniers *

Les grands convois formés par les prisonniers qui avaient été faits par le prince Frédéric-Charles à la suite des combats autour d'Orléans (7,000 à 8.000 hommes), furent expédiés en six jours par la ligne de Paris à Strasbourg. Tous les soirs il en arrivait 1.200 à Vitry pour y passer la nuit. Seuls, de petits détachements de turcos et de zouaves, environ 150 hommes, arrivaient de Troyes par étapes. A Vitry, on les adjoignait aux convois transportés en chemin de fer. C'était curieux de voir ces longues silhouettes arabes, en vêtements bariolés, drapées dans leurs longs manteaux bleus ou rouges, se mouvoir sur la nappe blanche qui couvrait la campagne. Ils pouvaient à peine se trainer par suite des engelures et des

* Art. 161 (quelques passages seulement). — Les feuilles de route sont indispensables à tout détachement en marche, aux isolés, convois, afin d'assurer leur marche sur les routes d'étapes et leur logement dans les gites.

Lors de l'établissement des feuilles de route pour les convois de prisonniers, ne pas oublier qu'ils doivent fournir, autant que possible, de longues marches, jusqu'à deux étapes par jour, si du moins l'escorte est renouvelée journellement.

Chaque corps de troupes expéditeur et chaque gite informent le plus tôt possible l'étape suivante du départ d'un convoi, en lui communiquant les renseignements essentiels portés sur la feuille de route.

excoriations que leur chaussure légère leur avait occasionnées, sans compter les fatigues d'une marche de près de 40 kilomètres, de Lesmont à Vitry. Ces hommes étaient enchantés de trouver à manger à leur arrivée et s'en montraient très reconnaissants. Heureusement que les convois de prisonniers conservaient leur escorte jusqu'en Allemagne ; le relèvement de celle-ci dans la nuit n'aurait eu que des inconvénients. Du reste, les prisonniers vivaient sur un bon pied avec leurs gardiens. Il eût été d'ailleurs impossible aux gites d'étapes de fournir tous les hommes d'escorte nécessaires. Celui de Vitry en fournissait du reste à cette époque aux convois postaux. Les transports de prisonniers ne figuraient pas sur le tableau des trains journaliers. Deux heures avant leur arrivée, vers 8 heures du soir, le commandant d'étapes de Châlons m'adressait la dépêche suivante :

« Train de 1,200 prisonniers français part d'ici ».

Cela voulait dire que pour la nuit la gare de Vitry serait transformée en camp. Il fallait renforcer sérieusement le poste de la gare. Si les convois de prisonniers passaient régulièrement la nuit à Vitry, cela tenait sans doute à ce que la Place, malgré son peu d'importance, semblait indiquée comme propre à un arrêt. A l'entrée du premier convoi de prisonniers en gare, on aurait pu le prendre pour un train mortuaire, car rien ne bougeait. Pas le moindre bruit, il faisait un froid glacial (environ 10° Réaumur), les prisonniers étaient aplatis sous les bâches des trucs ou serrés comme des harengs dans les vagons à marchandises, pour se réchauffer et, malgré cela, ils étaient tout engourdis.

Il était évident que dans le cas présent il s'agissait moins de monter la garde que de réconforter tout ce monde. Je me mis aussitôt à l'œuvre et consacrai bien volontiers la nuit à réchauffer et à rassasier ces hommes par tous les moyens possibles, afin d'en sauver une partie, car depuis longtemps ils n'avaient rien mangé. Pour commencer, je fis chercher des seaux d'eau-de-vie de blé au magasin ; les hommes de corvée passèrent devant les wagons, donnèrent à boire aux prisonniers ou leur remplirent le bidon d'eau-de-vie, car ceux qui avaient voyagé sur les trucs étaient tout glacés. Quand l'eau-de-vie eut produit son effet, tous ces gens étaient redevenus une troupe, à laquelle je fis distribuer ensuite du pain et du lard, à la grande joie de tous ces affamés qui conservèrent un ordre parfait.

Après qu'on eut mis de la paille sous les deux grands hangars, les prisonniers allèrent s'y reposer. A 4 heures du matin, on leur distribua du café chaud, avant de les faire remonter dans le train qui repartit à 5 heures. Il en fut de même six jours de suite. Les convois arrivaient généralement à la même heure de Châlons ; chacun d'eux fut traité comme le premier, et j'eus la satisfaction de ne constater ni acte d'indiscipline, ni tentatives de fuite. Je puis dire à la louange de tous les prisonniers qui ont couché à Vitry qu'ils ont été dociles, modestes et reconnaissants.

C'est avec joie qu'un commandant d'étapes sacrifie son temps et le repos de ses nuits, lorsqu'il a conscience de servir fidèlement son roi et de ranimer les forces et le courage de soldats fatigués et affamés.

CHAPITRE IX

Hôpitaux, Secours volontaires aux blessés, aumônerie *

Pour établir des hôpitaux d'étapes, on devra d'abord mettre à contribution ceux utilisés antérieurement ou actuellement par la garnison. Au besoin, on requerra les hôpitaux civils pour se les réserver entièrement, autant que possible. Il suffira pourtant, en général, qu'une partie seulement soit mise à la disposition des troupes. On pourra également utiliser, à défaut d'hôpitaux, des écoles, institutions, fabriques, châteaux, églises.

Comme la plupart des congrégations religieuses en France avaient consenti à donner des soins aux malades et s'en acquittaient fort bien, nous avons le plus souvent

* Art. 88 (résumé). — Le médecin en chef de la Direction règle l'installation, l'occupation et l'évacuation des hôpitaux, la répartition du personnel militaire et, de concert avec le délégué de l'Union des sociétés de secours, celle des infirmiers volontaires.

Art. 150. — Quand il y a lieu d'établir des hôpitaux au gîte ou sur son territoire, le commandant d'étapes demande un médecin à la Direction des étapes. Il essayera, même en pays ennemi, d'obtenir le concours des médecins civils.

Dans tous les cas, on assure le logement, etc., des malades de passage, sans que ces dispositions entraînent nécessairement l'affectation au gîte d'étapes d'un médecin militaire. Les hommes suspects de simulation sont dirigés sur les localités où résident des médecins militaires.

trouvé des établissements sanitaires complètement organisés, dont nous avons affecté une aile aux malades militaires. Les troupes en marche sur Paris et la division mecklembourgeoise ayant laissé beaucoup de malades à Vitry, l'Hôtel-Dieu et un orphelinat de jeunes filles de la rue de Vaux devinrent des hôpitaux militaires, dans lesquels les sœurs de charité consentirent volontiers à assurer le service. La Sucrerie de Vitry fut réservée aux malades atteints de maladies contagieuses. Tous ces établissements furent organisés à merveille par le médecin-chef du gîte d'étapes, docteur Heller, à qui j'en laisse tout le mérite. Dans l'exercice de ses fonctions importantes, il se distingua par son zèle tout particulier et son énergie. Il dirigea avec beaucoup de compétence, à Vitry ou aux abords, trois hôpitaux qui purent recevoir de 500 à 600 malades des armées allemandes.

Le docteur Heller était assisté de deux jeunes médecins volontaires dont l'un, venant de Russie, s'était présenté à la Place et avait été accepté par le médecin principal, docteur Mehlhausen. En outre, quelques frères hospitaliers (protestants) (1) servirent comme surveillants et infirmiers, alors que les sœurs de charité s'occupaient plus spécialement des soins à donner aux malades, lesquels étaient au nombre de 500, dans les premiers jours de septembre 1870.

Malheureusement, le médecin-chef, docteur Heller, trouva le typhus et la dysenterie répandus à Vitry. Il isola les malades, procéda à des désinfections énergiques et parvint ainsi à enrayer ces deux épidémies, sans quoi la situation aurait pu mal tourner à Vitry, où beaucoup de civils avaient été atteints. Il y eut de

(1) Felddiakonen.

nombreux décès, entre autres celui du brave maire et excellent médecin, docteur Valentin, dont la perte fut un deuil général.

Depuis le commencement de la guerre, d'autres maladies pernicieuses étaient répandues dans la population et devenaient dangereuses pour les troupes de passage.

Le docteur Heller y remédia également en remettant en vigueur les inspections de police sanitaire et en se chargeant lui-même de faire observer les règlements, comme la municipalité l'en avait prié. Ces mauvaises maladies ne tardèrent pas à diminuer.

Les hôpitaux de Vitry reçurent aussi leur part des dons patriotiques (vin, liqueurs, bière de Bavière, jambons, cigares, effets de laine, etc.). Nous en fûmes très reconnaissants aux expéditeurs. Ces dons permettaient au docteur Heller d'accorder aux malades des suppléments réconfortants et de leur donner des vêtements plus chauds à l'hôpital même ou à leur sortie.

Vers le 20 septembre 1870, l'hôpital de la Sucrerie put être évacué. Il ne resta plus que les deux hôpitaux tenus par les sœurs de charité dans l'intérieur de la Place.

Je dois faire ici l'éloge de l'abbé Leloual, aumônier français de l'Hôtel-Dieu de Vitry. Par son zèle affectueux et son attitude optimiste, il a mérité la reconnaissance pleine et entière des malades et du commandant d'étapes. Les aumôniers militaires Schwoboda et Nandausek passèrent les 20 et 21 septembre à Vitry. Ils visitèrent nos malades et les firent communier le 21.

Les soldats catholiques de la garnison furent conduits tous les dimanches à l'église paroissiale. Depuis l'arrivée du IIe bataillon du 6e régiment d'infanterie wurtembergeoise, les soldats luthériens eurent un bon aumônier en la personne du jeune pasteur Théophile Blumhardt, de Bad-Boll. C'était un homme précieux ; il consolait et assistait les malades à l'hôpital et célébrait tous les dimanches le culte dans une grande chapelle que le clergé catholique et la municipalité avaient mise gracieusement à la disposition des militaires luthériens.

Le pasteur Blumhardt me rendait aussi des services d'ami en visitant à ma place les officiers gravement malades, et en donnant en mon nom des nouvelles à leurs proches dans l'anxiété, etc..... Le service accablant que je faisais jour et nuit ne me permettait pas de répondre moi-même à leurs lettres. C'est à mon grand regret qu'au commencement de décembre le pasteur Blumhardt quitta Vitry, pour aller remplir les fonctions d'aumônier du grand hôpital de campagne installé au château de Ferrières, après la sortie de Champigny, exécutée par les Parisiens contre la division wurtembergeoise.

Ont encore visité les malades à leur passage à Vitry les aumôniers protestants : Rettig, Scharf, d'Aiger et Staye.

Les enterrements partaient d'abord des hôpitaux, mais dès que le typhus et la dysenterie prirent le caractère d'épidémies, les décédés furent transportés immédiatement dans la chapelle mortuaire du cimetière, où on leur rendait les honneurs le lendemain à l'occasion du service religieux.

Depuis les débuts de l'occupation de Vitry jusqu'à son évacuation en 1871, 180 militaires allemands y sont décédés pour cause de maladies ou de blessures. Avant mon départ de Vitry, j'allai voir un blessé bavarois qui avait eu le bras droit fracassé par une balle et que le docteur Heller avait dû amputer. Ma visite fit plaisir au brave camarade, malgré sa tristesse, car la suppuration de sa blessure l'affaiblissait à un tel point qu'il désespérait de la guérison. Il me dit que ses frères et sœurs possédaient avec lui une propriété indivise, ajoutant qu'il voudrait bien leur faire part de ses dernières volontés au sujet du partage, au cas où il mourrait, et me pria d'en prendre note. Je les transcrivis aussitôt sur un petit calepin que je portais toujours dans la poche intérieure de ma tunique, et pris congé du cher malade en exprimant mes meilleurs vœux pour sa guérison. Bientôt après, je dus quitter Vitry pour aller à Corbeil. Me trouvant en résidence à Blesme, dans la période de l'occupation du territoire francais, je reçus du directeur du district de la Haute-Bavière une lettre par laquelle on me priait de faire connaître si un soldat bavarois, mort de sa blessure, ne m'avait pas dicté ses dernières volontés. Dans l'affirmative, je devais les transmettre aussitôt au maire de la localité habitée par les parents du soldat en question, aucun testament n'ayant été déposé ou envoyé au greffe du tribunal du district.

Pourquoi avait-on songé à s'adresser à moi? L'aumônier catholique bavarois de Vitry avait entendu parler de la prise en note des dernières volontés du blessé. On avait fait des recherches dans toute la Prusse pour me retrouver, puis en France, où l'on me découvrit enfin neuf mois après le décès du soldat. Le testament de campagne auquel les héritiers tenaient tant étant valable, je l'adressai à qui de droit.

Au sujet du service sanitaire allemand (1) pendant la

(1) Art. 21 (c). — Le Directeur du service de santé de l'armée reçoit du Directeur des étapes les indications et renseignements qui lui permettent, en se concertant avec les autorités d'étapes et de chemins de fer, de satisfaire aux besoins immédiats du logement, du traitement, de la répartition

guerre 1870-1871, feu le médecin-major en retraite, docteur Biefel, ex-médecin d'hôpital de la IIIe armée, s'exprime ainsi : « L'historique des règlements nous « apprend que les guerres ont d'abord montré la nécessité inéluctable de former des chirurgiens capables, « et, dans la suite, de leur confier la direction des hôpitaux de campagne, plutôt qu'à des officiers ou à « des administrateurs. Après nous avoir enseigné que « pour avoir un état sanitaire satisfaisant dans toute l'ar« mée, il fallait pratiquer l'hygiène, en partie par la « dissémination des malades, cet historique nous démon« tre en outre que les hôpitaux de campagne, sans *impe« dimenta*, mais dotés des moyens de transport néces« saires, doivent rester des organes inséparables de « l'armée de guerre et que, pour avoir des hôpitaux « mobiles, il faut disposer d'un personnel de réserve « (service de l'arrière). Enfin, il nous donne la con« viction que tout cela est insuffisant, si l'évacuation des « malades n'est pas organisée militairement.

« L'organisation méthodique des évacuations, en cor« rélation avec le système des hôpitaux de campagne « aussi mobiles que possible, a été assurée par les deux « règlements suivants : *Organisation du service des étapes « en temps de guerre* et *Instruction sur le service de santé « en campagne*. Il faut y ajouter les *Prescriptions rela« tives aux sociétés volontaires de secours aux malades et « blessés.* »

En voici les parties fondamentales :

1° Les hôpitaux de campagne ne sont plus divisés en hôpitaux légers et hôpitaux lourds. Chaque corps

des malades et blessés. Un certain nombre de trains sanitaires sont à sa disposition.

d'armée à 30,000 hommes possède trois détachements sanitaires (ambulances) et douze hôpitaux de campagne. Les premiers, à la disposition des généraux de division et des médecins divisionnaires, forment deux sections et sont pourvus des voitures nécessaires au transport des malades depuis les places de pansement (postes de secours, ambulances) établies par les organes de la division, jusqu'aux hôpitaux de campagne ou d'étapes les plus proches. Les douze hôpitaux de campagne, à deux sections chacun, transportent sur voitures le matériel nécessaire à l'installation de 200 malades ou blessés.

2° Afin de pouvoir relever le plus rapidement possible les hôpitaux de campagne installés, chaque corps d'armée possède une réserve de personnel des hôpitaux (médecins, fonctionnaires administratifs, pharmaciens, surveillants, infirmiers de visite, gardes-malades). Les hôpitaux de campagne (passés au personnel de réserve en échange d'un matériel identique) perdent leur nom pour prendre celui d'hôpitaux de guerre stationnaires.

3° Quand ce mode de substitution ne peut pas être pratiqué, on établit, suivant les endroits où s'accumulent les blessés, des hôpitaux stationnaires, au moyen des ressources des dépôts (d'hôpitaux), sous la dénomination d'hôpitaux de guerre. Les hôpitaux de campagne en station et les hôpitaux de guerre devront toujours faire face à l'affluence irrégulière et intermittente des malades; ceux qui sont transportables doivent être évacués régulièrement.

4° Sur les derrières de l'armée de campagne, les gouverneurs généraux (en territoire ennemi) ou les autorités provinciales installent des hôpitaux de réserve, auxquels viennent s'adjoindre ceux organisés par l'Union des sociétés de secours ou des particuliers sous le contrôle de l'État.

5° Les médecins-chefs des hôpitaux de campagne veillent à la succession régulière des évacuations partielles, suivant les nécessités hygiéniques ou autres. Pour combler le déficit en médecins, on engage des médecins civils pour le théâtre de la guerre, en leur accordant une indemnité journalière.

6° Le personnel et le matériel des hôpitaux sont tenus au complet au moyen de nombreux dépôts de réserve subordonnés aux Directions des étapes.

A la tête de cette organisation est placé le médecin inspecteur général de l'armée et la section médicale (Direction du service de santé) du Ministère de la guerre.

Après avoir pris les mesures nécessaires pour secourir promptement les malades et les blessés et leur donner les soins les meilleurs, il fallait en outre, en se basant sur l'expérience des dernières guerres, notamment celle de 1866, organiser les voies et moyens pour parvenir aux asiles créés depuis l'hôpital de campagne jusqu'à la mère-patrie.

Établir ces lignes de communication, tel est le but de l'*Organisation du service des étapes en temps de guerre du 2 mai 1867*, règlement aux termes duquel l'évacuation des malades et blessés devait désormais être assurée par des organes indépendants.

Union des sociétés de secours aux blessés. — Outre les deux autorités officielles, l'Union des sociétés de secours coopérait à l'évacuation des malades et blessés. Aux termes de l'*Instruction sur le service de santé en campagne de 1869*, elle devait fournir le personnel

d'escorte et d'infirmiers nécessaire à l'évacuation sur les hôpitaux de réserve installés sur la ligne d'étapes. L'inspecteur militaire prince de Pless ne fut désigné qu'au début de la guerre ; il lui fallut créer aussitôt de nombreux organes, dont les deux principaux furent les délégués et les sections sanitaires : les premiers étaient chargés de la direction, les secondes de l'exécution du service.

Les délégués furent notamment fournis par les chevaliers de l'ordre de Saint-Jean et de l'ordre de Malte. Leur répartition se fit conformément à l'organisation militaire. On en attacha à l'état-major d'une armée, d'une Direction des étapes, aux hôpitaux de guerre, à ceux d'étapes, etc. ; d'autres furent chargés d'amener des dépôts, d'organiser des asiles de nuit, d'assurer la nourriture. L'inspecteur militaire, assisté d'une commission centrale, était attaché au grand quartier général. Grâce à cette centralisation, il fut possible de faire toujours face aux éventualités imminentes, d'être bien renseigné et de faire avancer les dépôts en temps voulu. Un certain nombre de médecins avaient été engagés et toutes les ressources sanitaires des ordres religieux, associations, etc., étaient à la disposition de l'Union, mais les sections sanitaires lui fournirent en tout cas les moyens les plus efficaces.

Sur la ligne d'évacuation de Paris à Strasbourg opérait notamment le délégué baron de Zedlitz, de l'ordre de Saint-Jean. Il était assisté du docteur Prosch. Le baron de Zedlitz créa en outre un dépôt de l'ordre de Saint-Jean à Vitry.

Après l'achèvement de l'investissement de Paris, le 19 septembre 1870, par l'occupation de Versailles, on installa sur les limites du cercle occupé par la IIIe armée et la IVe (armée de la Meuse) toute une série d'hôpitaux de campagne autour de la capitale.

Ces hôpitaux de campagne fonctionnaient comme des hôpitaux stationnaires et pouvaient recevoir en même temps directement les blessés, à la suite de combats livrés dans les sorties ou dans les opérations du siège. On affecta alors à chacune des deux armées une ligne d'évacuation particulière sur l'arrière, correspondant à sa ligne d'étapes.

Celle de la IIIe armée commençait par une étape de route et rejoignait la voie ferrée à Nogent-l'Artaud et Château-Thierry. Elle allait ensuite à Épernay, gare commune aux deux armées, où se faisait la répartition des malades en convois pour l'Allemagne; c'est donc ici que résidait la Commission d'évacuation au commencement de septembre. C'est aussi par cette ligne de la IIIe armée que se faisaient les évacuations de l'armée opérant au Sud du côté d'Orléans. La Ire armée au Nord évacuait ses malades par la ligne de la IVe armée, jusqu'à ce que d'autres routes fussent devenues libres, de sorte qu'à une époque de l'hiver, où le temps était le plus mauvais, les lignes d'évacuation des quatre armées formaient autour de Paris un véritable réseau constitué par des sections de voies ferrées ou des routes d'étapes. Comme toujours, l'armée victorieuse avait à sa charge ses malades et blessés et ceux de l'ennemi; la Société française de secours aux blessés ne prêta son concours que sur peu de points, où des médecins d'hôpitaux et des congrégations religieuses montrèrent beaucoup de bonne volonté et d'initiative.

En octobre, novembre et décembre, le temps était très défavorable au transport des malades par route. Les fréquentes averses et le brouillard n'agrémentaient guère le trajet au grand air et, par suite des pluies, les chemins étaient défoncés. La grande voie ferrée de Paris à Strasbourg, qui suit la Marne à partir de Vitry et nous reliait à l'Allemagne, était coupée entre Nogent-l'Artaud et la Ferté-sous-Jouarre, par suite de la destruction du tunnel de Nanteuil et du pont de Trilport. La tête d'étapes de guerre ne put donc, au début, être portée au delà de Nogent-l'Artaud. Après la construction de la voie de raccord par Nanteuil, exploitée à partir du 24 novembre, et la réparation du pont de Trilport sur la Marne, Lagny devint tête d'étapes de guerre de la IIIe armée, et c'est de là que partaient les évacuations à partir du 28 novembre. Le médecin principal de la Direction des étapes de la IIIe armée, docteur Mehlhausen résidait à Corbeil. La nouvelle tête d'étapes de guerre, Lagny, était une petite ville, mais assez vaste cependant pour renfermer les organes considérables d'une tête d'étapes, ainsi que ceux nécessités par les soins à donner aux blessés et leur évacuation. A partir de ce moment, on eut une organisation solide. C'est à Tournan que les convois, qui étaient allés jusque-là de Corbeil à Nogent-l'Artaud, passaient la nuit.

Pour entrer dans quelques détails sur le jeu des évacuations par la route d'étapes, nous allons mentionner les hôpitaux installés sur les deux rives de la Seine, à proximité de Corbeil. Leur rôle consistait à dégager ce gîte où s'accumulaient les malades :

1° L'hôpital bavarois principal n° V installé à Soizy-sous-Étiolles dans de beaux bâtiments entourés d'un vieux parc. D'octobre à la fin de décembre, 6,116 malades y furent traités. Il y eut 83 décès.

2° Le quatrième hôpital de campagne du XIe corps

prussien au Coudray a traité 1,092 malades, dont 35 sont décédés. Il était installé dans les vastes et belles pièces du château Cochau et dans trois bâtiments de la maison Varlet. Nombre de lits : 316.

3° Le dixième hôpital de campagne du VIe corps prussien, relevé plus tard par la troisième section du personnel de réserve du IIe corps et devenu ainsi un hôpital de guerre fixe. Il était installé à Évry dans des conditions aussi favorables que celui du Coudray. Les villas et les châteaux à proximité de Paris, bâtis à diverses époques et appartenant la plupart à l'aristocratie de naissance ou d'argent, situés au milieu de parcs magnifiques établis sur les coteaux qui bordent le large lit de la Seine, se prêtaient admirablement à l'installation d'hôpitaux, à cause de leurs locaux spacieux, de l'installation soignée de leurs cuisines, salles de bains, conduites d'eau, etc. Grâce à l'ordre et à la propreté qui règne dans nos hôpitaux de campagne, l'élégance française, qu'on avait laissée aux chambres des malades, produisait un effet des plus agréables. Statistique : nombre normal des lits, 360; nombre total des malades traités de septembre 1870 à mars 1871, 1,385 dont 144 blessés ; décès, 53 ; atteints du typhus, 175; décès, 43.

4° Brie-Comte-Robert, dans la plaine du comté de Brie. Dans cette petite ville, le troisième hôpital du XIe corps prussien était installé dans neuf bâtiments, ce qui rendait très difficiles le traitement des malades et l'administration. Par suite de son relèvement par le personnel de réserve du IIe corps, il devint un hôpital de guerre fixe. Nombre des malades, d'octobre 1870 à mars 1871, 1,702 : atteints du typhus, 228 ; décès, 46, dont 34 typhiques.

Outre l'hôpital de campagne, il y avait à Brie-Comte-

Robert un asile de nuit établi par l'Union des sociétés de secours, en vue du passage de nombreux malades. Il était dirigé par un délégué et un médecin et pourvu d'un nombre considérable de lits et de matelas.

5° Tournan. Gîte d'étapes avec un commandant bavarois. Cette petite ville est située dans un bas-fond humide. L'hôpital d'étapes n'était pas suffisant en novembre pour recevoir les nombreux malades. Il fallut donc organiser un hôpital plus grand du type d'un hôpital de guerre, avec un personnel plus nombreux. Une épidémie de typhus ayant éclaté dans la garnison bavaroise, le transport des malades devint urgent. Le médecin principal, docteur Mehlhausen, le fit faire sur le château Péreire, près de la gare de Gretz. C'était un édifice très vaste, luxueux et confortable, au milieu d'un grand parc. Le rez-de-chaussée suffit, avec quelques pièces au premier étage, à loger les malades.

Le commandant d'étapes bavarois s'est signalé en détachant des soldats à l'hôpital pour combattre l'épidémie. Ces braves gens du 13e bataillon de landwehr se plièrent à cette nouvelle tâche avec le zèle, le dévouement et le courage qui caractérisent la vraie camaraderie, sans souci des atteintes du mal que contractèrent plusieurs d'entre eux. Quelques soldats, cuisiniers de profession, se rendirent très utiles en remplaçant des cuisinières qui avaient rendu leur tablier après avoir été engagées.

Nombre de malades à l'hôpital de guerre du gîte d'étapes : 700, dont 74 blessés et 142 atteints du typhus ; décédés : 82, dont 9 blessés.

A la tête de l'établissement français de Tournan, était placée Mme Jules Hennecart, femme du maire de Tournan. Trente ou quarante lits fondés par souscription ont été entretenus jusqu'en janvier 1871 par Mme Hennecart. Les institutrices congréganistes soignaient les malades et faisaient la cuisine, un médecin français, le docteur Forgemol, assurait le service médical.

6° Coulommiers. Commandement d'étapes n° 5. Ville moyenne dont les faubourgs étendus se terminent par des villas. La ville est située dans la vallée, le faubourg Ouest sur une hauteur.

Le cinquième hôpital de campagne bavarois avait fondé un hôpital dans l'hospice municipal. Il fonctionna dans la suite comme hôpital d'étapes. L'hospice français fut affecté aux varioleux. Dans trois villas du faubourg Ouest, sur la hauteur (maisons Prochet, Cazot, Montauld), on installa un hôpital militaire des étapes, sous la direction de deux médecins civils, les docteurs Meyer et Kronecker. Il avait environ 128 lits. L'eau potable dans la partie basse de la ville ayant un goût vaseux, on dut évacuer les hôpitaux installés dans cette partie ; la situation de ceux organisés dans les trois bâtiments sur la hauteur n'en devint que meilleure. Nombre total des malades de septembre 1870 à mars 1871 : 279, dont 146 atteints de la dysenterie; décès : 82.

7° La Ferté-sous-Jouarre. belle localité, saine, bâtie sur les bords de la Marne et sur les dernières pentes des hauteurs de Jouarre. Le délégué de l'Union des sociétés allemandes, Pfœrtner von der Hœlle, avait d'abord fondé en septembre dans le voisinage, au château de Reuille, un hôpital de l'Union, lequel était dirigé par le conseiller Manuel, disposant d'une section pourvue de voitures d'ambulance. Cet hôpital, destiné à recevoir des malades non susceptibles d'être transportés, comprenait de 20 à 30 lits. Il fut pris en charge par le médecin du gîte d'étapes et transféré en ville. L'école Bazin, avec ses nombreux locaux au rez-de-chaussée, devint une infirmerie de passage, ayant 200 lits. Les malades non transportables furent soignés au grand hôpital, où 30 lits leur furent affectés. Le service y était fait par des sœurs de charité. Nombre total des malades admis d'octobre 1870 à mars 1871 : 730, dont 49 blessés et 101 typhiques; 51 décès.

8° Nogent-l'Artaud et Nanteuil-sur-Marne restèrent du 20 octobre au 25 novembre 1870, la tête d'étapes de guerre de la IIIe armée. Les bâtiments habitables y étaient trop petits pour servir à l'installation d'hôpitaux sérieux, pour loger, nourrir et soigner les nombreux malades et blessés évacués des hôpitaux sous Paris, par des convois auxiliaires retournant à vide. C'est à ce gîte d'étapes qu'incombait la tâche colossale de recevoir, en cinq semaines environ, 8,000 malades de passage, soit 200, 300 et même davantage par nuit et de les embarquer en chemin de fer. Trois baraques, construites près de la gare par les soins du commandant d'étapes, avec le concours de l'Union des sociétés de secours, remédièrent dans une certaine mesure à l'absence de locaux convenables. L'intérieur de ces baraques à pignons, était mis à l'abri des pluies persistantes au moyen d'une toile de tente. Le sol était recouvert de paille sur laquelle on avait étendu des matelas.

Meaux fut un grand dépôt pour les malades sous Paris, notamment pour ceux de la IVe armée (armée de la Meuse). La voie ferrée étant détruite en arrière, les évacuations durent se faire par route, entre Meaux et Nogent. Il y avait à Meaux le onzième hôpital de campagne du XIIe corps (saxon), à 350 lits et la première section du deuxième hôpital de campagne wurtembergeois à 230 lits. Cette dernière, appartenant à la IIIe armée, occupait trois grands bâtiments, dont l'Hôtel-Dieu, maison très bien tenue par les sœurs augustines. Fin novembre, la section wurtembergeoise fut rappelée et il ne resta que l'hôpital de campagne saxon pour l'armée de la Meuse.

L'infirmerie de passage avait été installée par le commandant d'étapes prussien dans deux casernes ayant, l'une 230, l'autre 90 lits. Elle fut l'auxiliaire énergique du médecin de l'étape, surchargé de besogne jusqu'au milieu de décembre.

10° Château-Thierry, grande ville située sur les bords de la Marne, très propre à l'installation de grands hôpitaux en raison de son voisinage d'Épernay. La deuxième section du deuxième hôpital de campagne wurtembergeois y était établie dans quatre bâtiments contenant 300 lits. Dès le début, un médecin français, le docteur Petit, faisait le service à l'Hôtel-Dieu.

Il y avait en outre, sur la hauteur du château, un hôpital installé dans quatorze petites baraques en planches, affecté spécialement au traitement des typhiques, et pouvant être utilisé autant que la saison le permettait. L'infirmerie de gare était installée sous deux hangars chauffés et dans une salle d'attente, ainsi que dans deux pavillons de l'exploitation, lesquels étaient réservés aux officiers. Elle comprenait 200 lits sur couchettes ou des matelas sur de la paille. Dans le même but, on dressa 100 lits dans la caserne de gendarmerie. Le médecin principal de la Direction des étapes de la IIIe armée, docteur Mehlhausen, organisa plus tard une infirmerie de passage avec 400 lits. Quand Lagny devint tête d'étapes de guerre, toute cette organisation devint superflue. En ce qui concerne l'évacuation depuis Lagny et finalement celle à partir de Versailles, j'y reviendrai à propos de mon passage de Vitry à Corbeil et en fin de compte à Versailles.

Au commencement de novembre, il arriva à Vitry, à l'adresse de la division hessoise, un envoi de dons patriotiques sous la conduite du fabricant Reuter, de Darmstadt, délégué de l'Union des sociétés de secours aux blessés. On ne put les faire parvenir à destination que plus tard. La division hessoise, modifiant constamment ses emplacements sur le théâtre de la guerre, le commandant du IXe corps avait donné l'ordre de ne rien envoyer avant Noël.

Les hôpitaux de guerre bavarois dépendant de la Direction des étapes bavaroise (deux hôpitaux principaux et deux ordinaires) ont admis, dans la période du 1er août au 31 décembre 1870, 10,607 malades, ce qui équivaut à 142,017 journées de traitement. Du 1er janvier au 28 février 1871, le nombre des malades fut de 4,124 et celui des journées de traitement, de 91,440. Ces hôpitaux de guerre bavarois, notamment ceux installés sous Paris à Corbeil et à Lagny ont rendu les plus grands services.

CHAPITRE X

Généralités sur l'administration des chemins de fer de campagne

En ce qui concerne l'administration allemande des chemins de fer dans la guerre de 1870-1871 en France, on peut dire que, dès le début, elle remporta de brillants succès. Après avoir réalisé le déploiement stratégique de la IIIe armée sur le Rhin en huit jours, elle put remplir son rôle en Lorraine immédiatement après les victoires de Wissembourg et de Wœrth, et c'est ainsi que, dès le 22 août, nous arrivâmes par chemin de fer à Nancy.

Après la capitulation de Toul, la voie était libre jusqu'à Lagny, Vitry ayant volontairement ouvert ses portes à la fin d'août. En douze jours, il fallut rétablir à Vitry le pont sur la Marne, pour que le premier train pût partir le 20 septembre de Vitry sur Châlons.

Dans la suite, il fallut constamment parer à des destructions et à des obstructions sur cette longue ligne partant de Strasbourg. La circulation fut souvent troublée par divers trains non prévus et intercalés entre ceux du tableau de marche; mais les hauts fonctionnaires des sections ou de la direction des chemins de fer intervenaient immédiatement pour dégager la voie et régulariser la circulation.

Je signale ici tout particulièrement l'ingénieur Wex, chef de la deuxième section des chemins de fer, ainsi que le conseiller Fleck. On ne peut pas s'imaginer le service colossal qui a incombé à cette ligne après la capitulation de Metz, par suite du transport des troupes de la IIe armée et du matériel de siège envoyé sans discontinuer sur Paris, sans compter d'autres trains transportant des renforts, du personnel et du matériel des services de l'arrière, les trains d'évacuation, de vivres, de dons patriotiques. On évacua également sur l'Allemagne les mitrailleuses et les canons pris à Orléans. La direction des chemins de fer de campagne et les commandants d'étapes eurent au début à vaincre des difficultés provenant de la diversité d'origine du personnel des employés, fournis par un grand nombre de compagnies, pour la plupart privées. C'est ainsi que le chef de gare de Vitry était un ancien chef d'une petite station de la ligne de Stettin, tandis que son sous-chef avait été facteur dans une gare de marchandises du chemin de fer rhénan, et ainsi de suite jusqu'aux aiguilleurs. Il fallut un certain temps pour coordonner toutes les parties du service et amener les employés à prendre à cœur leur mission d'auxiliaires du commandant d'étapes. On aura certainement intérêt dans une mobilisation future à recruter les employés des lignes de communication parmi ceux des chemins de fer de l'État (1).

Avant de quitter ce sujet, je citerai avec éloges les employés du service de la voie qui l'ont surveillée avec tant de soins et ont rempli fidèlement leurs devoirs par

(1) L'État prussien ayant racheté depuis lors les lignes exploitées par des compagnies privées, l'inconvénient signalé ne subsiste plus. (*Note du traducteur.*)

le temps le plus mauvais (1). Ils rétablissaient promptement la circulation des trains quand la voie était obstruée ou partiellement détruite par des mains scélérates, et leur contrôle minutieux, intimement associé au service fidèle des patrouilles, fut le facteur principal de la sécurité de la voie.

Signalons également la mesure importante et efficace prescrite par l'empereur de faire monter sur les locomotives des otages choisis parmi les notables des localités situées sur le parcours des trains.

Remercions la Providence d'avoir protégé la ligne de Strasbourg à Paris. Que de tentatives n'a-t-on pas faites dans ces six mois pour la détruire ou exterminer les troupes voyageant sur elle!

Ma caisse des amendes n'aurait pas renfermé plusieurs milliers de thalers, si je n'avais pas été obligé de châtier sévèrement les communes sur le territoire desquelles des tentatives de destruction avaient eu lieu (2).

(1) Il est à remarquer que le major de Lingk décerne des éloges à jet continu à tous les Allemands avec lesquels il a eu des rapports de service ou autres, parfois même aux Français qui ont eu l'occasion de le seconder. (*Note du traducteur.*)

(2) Art. 58. — En pays ennemi, avoir soin de publier et d'afficher dans les localités avoisinant le chemin de fer qu'en cas de dégradation à la voie, la localité la plus voisine sera responsable.

CHAPITRE XI

Poste de campagne prussienne, poste secrète des Français *

En prenant, le 4 septembre 1870, mes fonctions de commandant d'étapes à Vitry, j'y trouvai déjà un relais de la poste de campagne, installé près de la place d'armes et se composant du bureau et du logement du postier. Le relais avait une voiture de poste attelée à deux chevaux, un facteur ambulant, un postillon, plus deux ordonnances fournies par le commandant d'étapes, et faisant le service à tour de rôle.

Jusqu'à l'occupation de Châlons par la IIIe armée, à la date du 9 septembre, on ne put y établir un service postal, mais j'envoyai, le 6 septembre, sur Châlons une patrouille de cavalerie du 15e dragons, conduite par le sergent Rimpler, pour savoir si cette ville était encore occupée par l'ennemi. Le lendemain Rimpler me rendit compte que Châlons n'était pas occupé, mais qu'il y avait de l'infanterie ennemie à Sermier, à une vingtaine de kilomètres plus loin. Tous les jours, un courrier partait

* Art. 108. — Le directeur des postes de chaque armée établit sur les routes d'étapes des relais dans les gîtes d'étapes au moyen du parc de ce gîte ou de chevaux loués par le service postal. Il y installe, s'il y a lieu, des bureaux de poste au moyen de son personnel et d'auxiliaires que fournit le commandant d'étapes avec les locaux nécessaires.

Le commandant d'étapes reçoit communication des tableaux du service postal.

pour Bar-le-Duc ; à cet effet l'ex-maître de poste français Castelaine fournissait six chevaux. Il y eut souvent au bureau de poste français, qui était naturellement resté intact, des perquisitions inopinées, car on avait des raisons de croire à l'existence de relations postales secrètes sur le territoire français, notamment entre Paris, Châlons et Nancy, opinion qui fut reconnue plus tard comme fondée.

Après l'occupation de Châlons par les troupes allemandes, on entretint, à partir du 12 septembre, un service postal quotidien entre cette ville et Vitry. Du 16 au 20 septembre, des wagons de poste traînés par des chevaux allèrent de Vitry à Châlons et à Bar-le-Duc ; à partir du 20 septembre, le service fut assuré par des trains réguliers, le nouveau pont du chemin de fer à Vitry ayant été livré ce jour-là à l'exploitation. La poste de campagne rédigea ses instructions, arrêta ses dispositions et les exécuta avec beaucoup d'énergie et de promptitude, de sorte qu'on n'aurait pas cru avoir affaire à une organisation toute neuve en pays ennemi. Dès qu'un bureau postal arrivait dans un commandement d'étapes son service commençait immédiatement. Souvent les nouvelles les plus fraîches sur les opérations de l'armée arrivaient aux commandants d'étapes par l'intermédiaire des employés des postes. On publia en outre deux cartes des relais de poste, d'une lecture extrêmement facile. Pour mon compte, je puis donner l'assurance que, dans mes quatre mois de fonctions à Vitry, il n'est pas venu à ma connaissance que des lettres ou paquets aient été perdus. Les inspecteurs et fonctionnaires supérieurs des postes exerçaient un contrôle incessant ; on donnait le plus promptement possible satisfaction aux désirs exprimés par les corps de troupes ou les commandants d'étapes, même à l'époque de la fête de Noël, où il était permis d'envoyer d'Allemagne de petits paquets aux militaires.

A partir du moment où il y eut des trains réguliers entre Strasbourg et Lagny, certains d'entre eux comportèrent des wagons postaux. Dans chaque gare militaire, des facteurs remettaient les sacs de dépêches au service ambulant des trains.

Malgré la surveillance que je ne cessais d'exercer sur les anciens bureaux de poste français restés intacts et les perquisitions qu'on y fit de temps à autre, sans aucun résultat du reste, j'acquis la conviction que les Français entretenaient pour leur compte des relations postales régulières, et qu'ils recevaient constamment de Paris et des départements de l'Ouest des nouvelles fraîches, qu'ils se communiquaient entre eux. Je me mis en tête de trouver le fil de ces communications et de le couper coûte que coûte. Mon plan consista à profiter d'une nuit obscure, où il ferait mauvais temps, afin d'intercepter les courriers. Je relevai donc sur la carte les deux itinéraires suivis probablement par les courriers secrets allant de Paris ou de Tours dans les départements de l'Est. Le premier itinéraire au Nord conduisait par la route de Vitry par Vatry, Vertus sur la grande route de Paris vers la Ferté. A Vatry, la route de Châlons coupe celle de Troyes. J'avais choisi cet itinéraire et ce point d'intersection pour opérer avec une reconnaissance que je comptais envoyer de ce côté.

Le second itinéraire au Sud allait de Vitry à Sézanne, par Mailly, et suivait la petite route de Paris. Il coupe la grande route de Châlons sur Troyes à Mailly, qui était également un point tout indiqué pour l'envoi d'une reconnaissance.

J'attendis donc que le temps fût mauvais et annonçât une nuit obscure, pour requérir, le 28 octobre, une compagnie d'infanterie du 6e régiment wurtembergeois et un demi-peloton de dragons, destinés à faire une reconnaissance sur la ligne du Sud. En assignant au détachement son itinéraire par la petite route de Paris, j'indiquai Sommesous comme premier gîte d'étapes sur sa feuille de route. La reconnaissance se mit en route et cantonna à Sommesous et les hommes racontèrent aux habitants qu'on irait le lendemain à Fère-Champenoise. Le commandant de compagnie avait prescrit, pour 6 heures du soir, un appel en armes et en tenue de route. Aussitôt l'appel fait, il mit sa compagnie en marche et arriva à 9 h. 30 du soir un peu au nord de Mailly. Il plaça immédiatement des vedettes chargées d'observer particulièrement la route de Troyes et prit position avec l'infanterie du côté de Mailly.

La nuit était noire et le vent soufflait avec une telle violence qu'on n'entendait presque rien. Voici que vers 11 heures les vedettes annoncèrent l'approche d'une lourde voiture arrivant de Châlons. La cavalerie reçut l'ordre de laisser passer la voiture, de la suivre jusqu'à Mailly, de l'y arrêter et de tout saisir jusqu'à nouvel ordre, en attendant l'arrivée de l'infanterie.

Comme je l'avais supposé, la voiture saisie était une diligence française venant du côté de Paris avec un chargement de voyageurs et deux valises renfermant des lettres à destination de l'Est. Le commandant de compagnie, capitaine de Bieberstein du régiment wurtembergeois, fit cerner la voiture, s'empara de la correspondance et emmena la diligence et les voyageurs à Vitry, où tout le monde arriva en bon état le lendemain matin. Les voyageurs, à l'exception d'un seul qui ne put pas justifier de son identité, furent congédiés, la diligence resta confisquée et ses deux chevaux furent versés au petit dépôt de remonte. On avait saisi plus d'un millier de lettres privées, qui furent triées par le sous-préfet de Gössel. Celles qui nous intéressaient plus particulièrement furent envoyées à la Direction des étapes. Le reste fut détruit ou envoyé aux destinataires par l'intermédiaire des autorités cantonales.

Les habitants se tinrent cois pendant un certain temps, et je n'entendis plus parler des Parisiens ; mais voilà qu'au bout d'une quinzaine les habitants de Vitry recommencèrent à devenir communicatifs et à servir des nouvelles toutes fraîches de Paris, ce dont je fus informé. A certaines questions que m'adressait la municipalité, je compris également qu'il devait y avoir de nouvelles communications avec la capitale. J'eus donc la certitude qu'il arrivait encore des courriers secrets et je pris la résolution de faire une seconde razzia sur l'itinéraire Nord, dont j'ai déjà parlé.

Le 11 novembre, par un temps sombre et un vent qui soufflait en tempête, je requis une nouvelle compagnie wurtembergeoise et un détachement de dragons, qui partirent avec une feuille de route fictive, dont le premier gîte d'étapes était Soudé-Sainte-Croix, sur la petite route de Paris. Après l'appel de 6 heures du soir, le capitaine Wicher poussa au Nord jusqu'à Vatry (sur la route de Châlons), où il arriva à 10 heures du soir. A peine eut-il placé des vedettes et un petit poste, le terrain étant accidenté, qu'une sentinelle rendit compte qu'on voyait venir du côté de Châlons une lourde voiture. Le petit poste se replia immédiatement et le détachement de cavalerie reçut l'ordre de suivre la voiture à Vatry, où la compagnie d'infanterie arriva en même temps qu'elle. C'était encore une diligence qui fut également saisie et emmenée avec ses valises et ses voyageurs à Vitry. Ces derniers n'étant pas suspects, furent relâchés ; la diligence, les valises, les lettres, les deux chevaux furent retenus. La correspondance saisie fut triée, les lettres importantes et les documents concernant l'administration française, les levées de troupes, etc., furent envoyés à la Direction des étapes.

Cette deuxième expédition, couronnée de succès, fut la dernière de ce genre, car il n'y eut plus de raison d'en faire une troisième. Je priai le lieutenant de Cancrin, à Lesmont, de faire fouiller tous les individus qui traverseraient dans la nuit le pont de l'Aube, me doutant qu'il devait y avoir des émissaires parmi eux. A l'occasion de ces fouilles, on arrêta un émissaire français déguisé en paysan et porteur de lettres et d'imprimés cachés sur son corps et dans ses bottes. Dans ces documents, on parlait de contributions de guerre, de fournitures d'armes, de munitions, de levées de recrues ; il y avait aussi des tarifs du service postal par pigeons voyageurs. Tout cela fut envoyé à la Direction des étapes.

Dès lors, il ne fut plus question de courriers secrets et je ne reçus plus de documents interceptés.

Le bataillon wurtembergeois, qui m'avait si bien servi à Vitry, fut retiré le 20 novembre, le colonel de Seubert, commandant le 6e régiment, ayant reçu l'ordre de partir de Bar-le-Duc et de Vitry avec tout son monde, y compris l'escadron de dragons, pour aller mater les francs-tireurs qui devenaient de plus en plus audacieux dans les Ardennes. Les Wurtembergeois furent remplacés par un bataillon de landwehr, constitué avec des éléments des 20e et 24e régiments et commandé par le lieutenant-colonel Zierold.

CHAPITRE XII

Télégraphie de campagne.

Grâce à son excellente organisation et à l'intelligence de son personnel, la télégraphie de campagne contribua dans une large mesure à faire parvenir en temps opportun, aux autorités intéressées, des renseignements au sujet des faits importants et des changements survenus sur le théâtre de la guerre. Les commandants d'étapes, eux aussi, sont beaucoup redevables à la télégraphie dans la dernière guerre, car des renseignements nécessaires sur les événements, les opérations, la communication constante avec les chefs hiérarchiques et les commandants d'étapes voisins, à côté de la sécurité assurée par le commandant d'étapes dans sa circonscription, sont pour lui une condition vitale.

A mon arrivée sur le territoire français, en août 1870, la communication télégraphique existait déjà entre l'Allemagne et Nancy. Le service fonctionnait partout; en peu de temps il donna des résultats extraordinaires. Les lignes détruites furent promptement rétablies par des équipes qu'il fallait protéger contre des dangers, qui les laissaient souvent insouciantes. Les employés chargés du travail ne demandaient aux commandants d'étapes qu'une faible escorte pour s'engager dans un terrain inconnu et dangereux.

Il m'est arrivé, à Vitry, de retenir des télégraphistes plusieurs jours, jusqu'à ce que j'eusse la certitude que la région était débarrassée des francs-tireurs. Nous avions, à ce sujet, des ordres supérieurs et, comme il était arrivé plusieurs fois malheur à des télégraphistes, il fallut leur donner une escorte suffisante sur le territoire de Chavanges, Montiérender, Vassy, Joinville, etc..... Aussi longtemps que la IIe armée resta devant Metz et que le département de la Haute-Marne ne fut pas occupé, on n'y était pas en sûreté, et c'est précisément dans ce département que des télégraphistes avaient été attaqués à l'improviste. Par suite, j'avais décidé que tout employé qui s'absenterait pendant plusieurs jours avec des ouvriers recevrait une escorte de 12 à 15 hommes, commandés par un sous-officier. L'expérience a démontré que c'était suffisant pour prévenir des attaques contre les télégraphistes.

Dès qu'une destruction partielle se produisait sur la ligne, on en avisait les autorités du service télégraphique à Châlons. Elles faisaient immédiatement procéder à l'inspection de la ligne et à sa réparation par une équipe qui était chargée de constater si les dégradations étaient le fait du hasard ou d'une main criminelle. Les résultats de l'enquête m'étaient ensuite communiqués pour me permettre de châtier, s'il y avait lieu, la commune responsable. J'eus l'occasion d'infliger plus d'une forte amende à des localités situées le long de la ligne de Vitry à Châlons.

Les fonctionnaires supérieurs des télégraphes Oxford, le directeur Bastau et les inspecteurs Jüttner, de Brabenden et Cunio étaient toujours sur pied, pour inspecter les lignes télégraphiques ainsi que les bureaux. L'inspecteur Cunio notamment a joué un rôle important à

Vitry, après la capitulation de Metz, au moment des mouvements de la IIe armée vers Orléans. Vitry étant devenu le point d'intersection des lignes de communication des IIe et IIIe armées, le télégraphe y fonctionna pour ainsi dire sans interruption. Nous rendant de très grands services, les fonctionnaires de la télégraphie étaient toujours les bien venus à leur passage à Vitry. Le télégraphe du chemin de fer fut également souvent utilisé pour annoncer l'arrivée ou le départ des trains et signaler les destructions ou les incidents survenus sur la voie ferrée.

CHAPITRE XIII

Ma rentrée à la Direction des étapes et mon séjour à Corbeil.

Vers le 15 décembre 1870, la Direction des étapes m'apprit par une lettre très flatteuse ma désignation future comme commandant d'étapes de Paris. Je devais encore régler les affaires urgentes, installer mon successeur, le major Grau, à Vitry et rejoindre ensuite la Direction à Corbeil, en attendant la capitulation de Paris. Plein de gratitude pour la Providence qui m'avait protégé pendant ces quatre mois de dures épreuves, je pris cordialement congé de tous mes fidèles auxiliaires et quittai Vitry le 21 décembre, après avoir passé mon service au major Grau. Mon voyage jusqu'à Lagny, terminus de la ligne de Paris, s'effectua dans un train de voyageurs militaires.

La voie ferrée suit constamment la Marne. Sur tout son parcours, je rencontrai beaucoup d'ordre, et une grande activité militaire régnait à la gare de Châlons. La situation de Château-Thierry, avec son vieux château, ainsi que celle de la Ferté-sous-Jouarre, en partie à mi-côte, me parut intéressante. Il en fut de même du tunnel de Nanteuil, qu'on avait fait sauter et que contournait alors une voie nouvelle. A Meaux je trouvai une grande gare. Entre Épernay et Meaux il n'y avait que de petites stations ; les garnisons et les circonscriptions d'étapes étaient moins importantes de ce côté que celles de la section d'Épernay à Bar-le-Duc, par Châlons et Vitry.

Nous arrivâmes à la tête d'étapes de guerre de Lagny. un peu après 5 heures du soir. En huit heures, notre train avait donc parcouru environ 150 kilomètres. Il régnait à Lagny une activité très grande au point de vue militaire. C'était un commandement d'étapes de premier ordre ; la gare et ses abords ressemblaient à un camp. Je m'empressai de me présenter au commandant détapes, baron de Buddenbrock, qui avait comme major de place le lieutenant Bedau. Ces messieurs étaient de service nuit et jour, car il arrivait constamment des détachements, des convois ou chargements qu'il fallait réexpédier par étapes sur Paris, etc., ou par le chemin de fer sur Strasbourg. Il y avait en outre deux grands magasins, devant lesquels stationnaient de nombreuses voitures qu'on chargeait ou déchargeait, ce qui, par ce va-et-vient continuel, exigeait une grande surveillance. On ne peut pas se faire une idée de toute cette cohue de soldats, infirmiers, fournisseurs, etc..... La place manquait en outre pour parquer les voitures et loger les hommes. Lagny était relié à la gare par un pont de fortune jeté sur la Marne et ses maisons n'offraient pas assez de ressources pour le cantonnement. Une partie des troupes bivouaquaient à proximité de la gare et entretenaient des feux continus pour faire la cuisine et se chauffer, car il faisait très froid. Le major Buddenbrock, plein de sollicitude pour ses hôtes de passage, avait fait organiser pour les officiers et fonctionnaires des logements aussi confortables que possible, dans un bâtiment près de la gare.

Des ordonnances faisaient le service dans les chambres à coucher, et au rez-de-chaussée il y avait un restaurant où les officiers et fonctionnaires prenaient leurs repas en commun.

Pour continuer mon voyage jusqu'à Corbeil, je devais attendre le départ d'un convoi à destination de cette ville.

Le lendemain matin, je parcourus le camp de Lagny et assistai aux manutentions grandioses qui s'opéraient dans le magasin.

M'étant mis ensuite en quête d'un véhicule, je découvris un grand omnibus qui servait de voiture d'ambulance à un médecin militaire bavarois, faisant la navette entre Corbeil et Lagny avec des convalescents à l'aller et des malades au retour. Je pris place dans cette voiture avec le capitaine d'Aschoff, du 32e d'infanterie, guéri de ses blessures et retournant à la IIe armée. Nous quittâmes Lagny par une belle et froide journée d'hiver, commodément assis dans cette voiture, mise si gracieusement à notre disposition par ce médecin bavarois, dont j'ai malheureusement oublié le nom.

Notre itinéraire nous fit passer au château de Ferrières appartenant au baron de Rothschild. Un hôpital wurtembergeois y était installé. Nous arrivâmes à 6 heures du soir à Villeneuve-Saint-Georges, petite ville située sur la Seine, à 15 kilomètres de Paris, et comprise dans la zone d'investissement. Le commandant d'étapes de cet endroit était un vieil officier wurtembergeois, ayant une jambe de bois. Sa tunique à revers rouges nous rappela le bon vieux temps. Je conserverai toujours le souvenir de l'air martial de ce vieux héros, qui nous reçut très cordialement et nous installa tant bien que mal dans une maison où il y avait ses plantons. Presque toutes les maisons de Villeneuve-Saint-Georges étaient en ruines. L'ordre de Saint-Jean avait eu besoin de celles qui étaient restées intactes, pour y installer un hôpital, mais notre digne commandant avait sa bonne petite popote souabe, où nous passâmes une excellente soirée. Mes compagnons couchèrent sur des matelas par terre; moi seul j'eus une élégante couchette avec sommier. Grâce à nos manteaux et couvertures, nous n'eûmes pas froid.

Le 23 décembre, nous quittâmes Villeneuve à la première heure, et à midi nous arrivâmes à Corbeil, où nous prîmes congé de notre médecin, en le remerciant bien cordialement de sa gracieuse hospitalité.

Corbeil, situé sur la Seine, fait une bonne impression. Sur la rivière, assez large en cet endroit, on avait jeté un pont de bateaux en remplacement du vieux pont de pierre en aval, qu'on avait fait sauter. On venait seulement de le réparer sommairement.

La ville proprement dite se trouve sur la rive gauche. Sur la rive droite, il y a le village de Saint-Germain avec un beau château ayant de nombreuses dépendances. C'est ici que stationnaient la Direction des étapes, le général de Gotsch avec son état-major et les troupes de garnison : un bataillon du 14e régiment de landwehr et le 8e régiment de dragons de landwehr (major de Kuylenstierna). La Direction avec tous ses accessoires couronnait la hauteur, comme un château fort dominant les environs. La Direction bavaroise, par contre, était installée à Corbeil même, qui avait comme garnison un bataillon et un régiment de chevau-légers bavarois. La gendarmerie bavaroise ainsi que le sous-préfet, baron de Feilitzsch y rendirent d'excellents services.

Le commandant d'étapes de Corbeil, major prussien

de Colomb, dont la tâche était compliquée et ardue, fut beaucoup aidé par la Direction bavaroise, qui mit plusieurs officiers à sa disposition, ce qui lui permit de partager sa circonscription en secteurs, confiés chacun à un officier bavarois. Cela me fit penser à ma circonscription de Vitry que j'avais également sectionnée ainsi que la voie ferrée, mais j'avais été seul à commander toutes les subdivisions et me serais estimé heureux si seulement mon major de Place avait été bien portant.

Corbeil, étant compris dans la zone d'investissement de Paris, il y régnait une grande activité guerrière; c'était un va-et-vient incessant de troupes, convois, malades, blessés, prisonniers, etc. Les convois qui transportaient journellement des munitions et des vivres sur Paris ne revenaient à Corbeil que pour s'y reposer un peu, recharger et repartir.

Après avoir fait ma visite au Directeur des étapes, je demandai une permission de deux jours pour aller me présenter à S. A. R. le Prince royal, à Versailles. Je profitai de la voiture fournie au capitaine d'Aschoff, du 32e, et nous partîmes pour Versailles, la veille de Noël, par un froid de 18 degrés Réaumur. A Longjumeau, dont le nom revient si souvent dans la chanson du fameux postillon, nous fîmes une courte halte et, à midi, nous fûmes rendus au grand quartier général. Nous nous présentâmes immédiatement à la Place, qui nous délivra un billet de logement pour deux jours, sans la nourriture. Pour nous rendre à notre gîte, nous passâmes dans une partie déserte de la ville un peu à l'écart du château, en suivant la grande avenue, où se trouvait la préfecture, résidence de notre gracieux Souverain. Nous nous arrêtâmes pleins de respect pour contempler du bas les appartements royaux. Grâce à Dieu, nous allions avoir le bonheur inexprimable de pouvoir célébrer la fête de Noël avec Sa Majesté dans les lieux mêmes où, depuis trois mois, Elle vivait au milieu de ses troupes, partageant avec elles les dangers et les fatigues de la guerre.

Dans l'après-midi j'allai me présenter chez le Prince royal, le chef glorieux de la IIIe armée. S. A. R. n'étant pas chez Elle, je fus reçu très aimablement par le sous-chef d'état-major, colonel de Gottberg; après quoi je passai la veille de Noël livré à moi-même. A Versailles, je ne vis pas trace des signes d'allégresse qu'on manifeste d'ordinaire à cette occasion; la ville semblait plutôt plongée dans la torpeur et la contrainte. Malgré le sentiment de tristesse que pouvait éprouver un soldat de ne pouvoir passer la veille de Noël en famille, c'était cependant une consolation de respirer ce soir-là le même air que mon Roi. Je me rendis donc sous ses fenêtres éclairées pour contempler de la rue l'arbre de Noël illuminé, auprès duquel S. M. offrait ses présents au Prince royal et aux autres membres de sa famille ou de sa dynastie, pendant que le canon français du Mont-Valérien tonnait sans interruption. Moi aussi, j'eus donc mon cadeau de Noël et c'est le cas de dire « un cadeau royal ». Heureux et satisfait, j'allai me coucher. Le lendemain matin, à 10 heures, je devais assister à l'office célébré dans la chapelle du château en présence du Roi et du Prince royal.

Il faisait 21 degrés (Réaumur) de froid le jour de Noël; la tenue prescrite était en capote. Les corps d'officiers étaient alignés devant l'aile nord du château, près de la chapelle, en arrière des princes et des généraux, pour attendre le Roi, qui arriva à 10 heures précises en calèche attelée à deux chevaux noirs. S. M. portait le grand manteau de campagne à col de fourrure. Elle descendit de voiture et salua très aimablement les princes, qui lui firent cortège à son entrée dans la chapelle.

L'office fut très solennel. Le chœur du Ve corps chanta la liturgie. J'eus la bonne fortune d'être assis non loin du Roi que je pouvais contempler à mon aise. Le service divin, du commencement à la fin, éleva nos âmes et je n'oublierai jamais l'impression qu'il me produisit, mais les Français le troublèrent par une canonnade incessante qui fit trembler les vitraux de la chapelle. La cérémonie une fois terminée, les officiers s'alignèrent devant la chapelle, en attendant le départ du Roi et des princes. Pendant que S. M. causait avec eux, le Prince royal passa devant le front des officiers et j'eus l'honneur d'être interrogé par lui. Il me fut permis de l'accompagner jusqu'à la préfecture. Chemin faisant, il me parla de la situation générale et en particulier de la place de Langres, sur laquelle je l'avais renseigné étant à Vitry. Pour lui, le rôle de Langres touchait à sa fin; il y avait, disait-il, déjà envoyé sa carte de visite et la capitulation de la place ne saurait tarder. S. A. R. eut ensuite la bonté de m'inviter à déjeuner en compagnie du chef d'état-major de la IIIe armée, général de Blumenthal. Suivant son habitude, le prince chercha à égayer ses hôtes; il nous mit au comble de la joie en nous communiquant un télégramme, d'après lequel l'armée française du général Faidherbe avait été battue à Amiens par le général baron de Manteuffel. Le prince nous régala en outre d'une autre façon, celle-là toute substantielle, en nous faisant servir du boudin superbe, prélevé sur les envois que lui avait faits la Princesse royale à l'occasion de la fête de Noël. Je n'en ai jamais mangé de meilleur dans ma vie, et je conserverai toujours le souvenir de ce déjeuner intime. Le lendemain matin, je retournai gai et content à Corbeil, pendant que le capitaine d'Aschoff rejoignait la IIe armée, en se dirigeant sur Dreux.

La Direction des étapes à Corbeil déploya dès le début une grande activité dans tous les sens, en envoyant sans cesse des reconnaissances plus ou moins fortes, en particulier vers l'Est et le Sud-Est, régions infestées de francs-tireurs, notamment avant le départ de la IIe armée de Metz. On utilisait à cet effet le régiment de dragons de réserve. Les reconnaissances les plus fortes étaient conduites par le général de Gotsch ou par le major von der Goltz, son chef d'état-major.

Après la capitulation de Paris, le 28 janvier 1871 et la remise des forts à la date du 29, on conclut, comme on sait, un armistice, à la suite duquel Paris put être réapprovisionné. La circulation fut également rétablie sur le chemin de fer de Versailles à Paris (gare Saint-Lazare) et je fus nommé commandant de la gare de la Rive droite à Versailles. A la gare des Chantiers, sur la ligne de Paris à Rennes, s'installa le lieutenant-colonel de Falkenhayn, un des commandants d'étapes de la IIe armée. On rétablit sur cette ligne les communications avec cette armée jusqu'au Mans.

CHAPITRE XIV

Commandement de gare de la Rive droite à Versailles.

A partir du 1er février 1871, je pris le commandement de la gare de la Rive droite du chemin de fer de l'Ouest. Au moment où je me présentais à Sa Majesté l'Empereur et Roi, le XIe corps d'armée, sous le général de Bose, qui venait relever le Ve corps, faisait précisément son entrée à Versailles. L'Empereur était resté à la préfecture, devant laquelle se tenait à cheval le Prince impérial, et c'est devant lui que défilèrent le grand-duc de Weimar et les ducs de Cobourg et de Meiningen, à la tête de leur régiment. Le spectacle du défilé fut imposant, quoique le IXe corps eût marché sous la pluie. Outre ce corps, la garnison de Versailles comprenait encore la division de landwehr de la Garde.

En me présentant au Prince impérial, je fus avisé par le quartier-maître général, colonel de Gottberg, que le lendemain la gare de la Rive droite recevrait une garnison spéciale : deux compagnies de landwehr du bataillon bavarois Kempten. Ces fractions étant les seules que nos alliés eussent à Versailles, je ne devais recevoir des ordres que du commandant de la IIIe armée. C'est donc au quartier général de cette armée que je faisais prendre les ordres généraux et le mot.

A la date du 2 février, j'avais 500 hommes d'infanterie à ma disposition ; ce n'était pas trop, car j'eus fort à faire à partir du 11.

A mon entrée en fonctions, tout était en désordre à la gare de la Rive droite, et je dus m'adresser à la mairie et à la compagnie de l'Ouest pour organiser les bureaux, corps de garde, etc..... Les employés français me secondèrent bien volontiers, et tout se trouva prêt à l'arrivée de la garnison bavaroise. Le drapeau allemand flottait même au-dessus de la gare.

Voici mes attributions de commandant de gare de la Rive droite, fonctions que j'ai remplies du 1er février au 12 mars 1871 :

1° Commandement de la garnison de la gare et du magasin central de la IIIe armée, etc..... ;

2° Trains arrivant de Paris et revision des laissez-passer ;

3° Trains allant à Rouen ou en revenant ;

4° Évacuation des hôpitaux de Versailles et des environs ; envoi des malades de la gare de la Rive droite sur Lagny, par Paris ;

5° Évacuation du magasin central de la IIIe armée ;

6° Entrée à Paris ; départ de l'Empereur et du Prince impérial ;

7° Évacuation de Versailles ; notre arrivée à la Ferté-sous-Jouarre.

La gare et le magasin central, exigeant le placement de six sentinelles doubles et d'un factionnaire, ma garde de police était forte de 40 hommes relevés journellement. Il y a lieu d'y ajouter 10 hommes de patrouille pour la nuit, la gare ayant environ 500 mètres de longueur et comprenant des constructions donnant sur la campagne ou communiquant avec des propriétés limitrophes. C'était là une cause sérieuse d'insécurité pour les denrées en magasin ou sur wagons. Je reçus d'ailleurs des lettres anonymes me dénonçant des vols commis par des ouvriers, ce qui me décida à fermer toutes les portes qui n'étaient pas indispensables et à les faire garder.

La gare des Chantiers reçut seulement un poste de 30 hommes; elle était plus petite que l'autre et n'avait pas de magasin. Les deux compagnies bavaroises fournissaient alternativement les deux gardes et mes plantons, ainsi que les hommes de corvée nécessaires au magasin central et à l'embarquement des malades. Un officier était commandé pour faire le service de jour et les rondes.

Jusqu'au milieu de février, il n'y eut que trois trains par jour pour Paris et de Paris à Versailles, puis il y en eut quatre, et enfin cinq, du 6 au 12 mars.

A l'arrivée d'un train de Paris, les issues du quai étaient gardées par des gendarmes. J'en avais quatre à ma disposition. Tous les civils devaient exhiber un laissez-passer, qui était vérifié en présence d'un commissaire de police français. Les voyageurs dont les papiers étaient en règle pouvaient aller circuler dans Versailles ; ceux qui n'avaient pas de laissez-passer étaient retenus et renvoyés à Paris par le premier train. Quant aux individus suspects ou ne pouvant pas justifier suffisamment de leur identité, on les envoyait au conseiller privé Duncker, qui statuait sur leur cas.

Ayant été prévenu officiellement que des attentats se tramaient à Paris contre la vie des princes résidant à Versailles, mon devoir le plus sacré était de vérifier minutieusement les laissez-passer avant d'y apposer mon visa, tâche des plus ardues, car il me fallait examiner de trois à cinq fois par jour plusieurs centaines de voyageurs ainsi que leur laissez-passer. Étant donné le but à atteindre, préserver de toute embûche le trésor sacré dont nous avions la garde, c'était un plaisir pour moi d'accomplir consciencieusement ma mission protectrice.

Le laissez-passer exigé, rédigé dans les deux langues. était du modèle suivant :

RÉPUBLIQUE FRANÇAISE

LAISSEZ-PASSER.

Nom : X. (une seule personne).
Prénoms (Eugène-Joseph).
Profession (commis).
Domicile (58, rue Saint-Sabin).
Age (34 ans).
But du voyage (affaires de famille, moyens d'existence).
Aller et retour (Versailles et Saint-Cyr).

Paris, le 18 février 1871.

Par ordre du commandant en chef,

Le Chef d'état-major de l'armée :

Général VALUN.

(Timbre de la préfecture.)

CRÉMY.

Des certificats d'identité délivrés par les autorités françaises ou des passeports visés par des ambassadeurs ou des consuls généraux pouvaient également tenir lieu de laissez passer. D'autre part l'Empereur avait donné les ordres les plus sévères de ne pas laisser sortir de vivres de Versailles pour Paris. Il fallait donc veiller strictement à la gare à ce que les Parisiens n'emportassent pas de vivres à leur retour. Mes gendarmes s'en chargeaient en confisquant toutes les denrées dont les voyageurs étaient détenteurs.

C'est ainsi qu'on saisit journellement une grande quantité de vivres, notamment de la volaille et des fruits. Conformément aux ordres de l'Empereur, la place de Versailles les répartissait entre les divers hôpitaux.

A défaut de ces ordres sévères, les Parisiens auraient tout accaparé ici; depuis le rétablissement des communications avec la capitale, tout avait considérablement renchéri. Naturellement, les saisies provoquaient beaucoup de gémissements; les belles Parisiennes surtout, y compris les chanteuses et les dames du corps de ballet de l'Opéra, essayaient de nous attendrir par leurs gentilles supplications. Y restant insensible, je passais pour un barbare sans cœur. Je ne pouvais agir autrement sans contrevenir aux ordres supérieurs et commettre des injustices.

L'évacuation des hôpitaux de Versailles et des environs ayant été prescrite en haut lieu, je reçus l'ordre du Prince impérial de préparer, sur la demande préalable du directeur des hôpitaux de Versailles, les trains d'évacuation qui devaient être dirigés dans l'après-midi sur Lagny par Paris. Il avait été convenu avec le gouvernement français que nos trains de malades, dont chaque wagon devait être marqué d'un écusson portant la croix de Genève, seraient respectés pendant la traversée de Paris. Les armes étaient prohibées dans les wagons, dont les portières devaient rester fermées dans le trajet à travers la capitale.

Pour les trains de malades, de vivres pour le magasin central de la IIIe armée, de matériel, d'effets, de voitures, etc......, on m'avait adjoint, à cette époque, un agent militaire des chemins de fer, provenant du 2e régiment de la Garde. Il formait les trains par groupes de voitures et les préparait à partir.

Dès qu'un train vide de voyageurs militaires était à quai, l'agent m'en rendait compte. Je faisais immédiatement nettoyer les voitures par une corvée de Bavarois, puis le magasin fournissait la paille nécessaire qu'on devait bien tasser dans les wagons jusqu'à une bonne hauteur, pour que les hommes fussent bien couchés. Les malades à évacuer formaient des groupes numérotés comme les voitures, ce qui facilitait leur embarquement. Dans la matinée le personnel de l'Union des sociétés de secours avait établi son fourneau de campagne dans la gare, pour préparer le repas de midi. Chaque malade une fois installé dans son wagon recevait une écuelle contenant du bouillon, de la viande et des légumes, nourriture fortifiante qui lui permettait de rester ensuite longtemps sans rien prendre.

A l'approche de l'heure du départ, je voyais arriver le Directeur des hôpitaux, docteur Biefel et souvent aussi les médecins principaux, docteurs Böger (de la IIIe armée), de Lauer et Wilms, ainsi que le prince de Pless, pour donner un coup d'œil au train et faire des recommandations aux infirmiers. D'ordinaire le train des malades partait à midi, et j'en annonçais l'effectif au commandant d'étapes de Lagny par un télégramme.

Du 15 février au 4 mars inclus j'ai noté le nombre de 4,120 malades évacués par la gare de la Rive droite. En voici le détail :

Février	15	290
—	16	450
—	17	409
—	18	318
—	19	226
—	20	181
—	21	301
—	22	153

Février	23	150
—	24	148
—	27	148
Mars	2	241
—	3	490
—	4	615
		4.120

Ces évacuations donnaient surtout du mal à mes braves Bavarois qui nettoyaient à fond les voitures et les aménageaient de la façon la plus pratique. Ils aidaient en outre les malades à s'installer, et leur rendaient toute sorte de petits services avec un véritable dévouement.

Le quartier général de la IIIe armée se trouvant immédiatement au-dessus de la gare des Chantiers, le Prince impérial se montrait à presque tous les trains sanitaires qui y passaient.

Le 20 février, quelques instants avant le départ du train sanitaire de la gare des Chantiers, le médecin militaire Lauer, médecin particulier de l'Empereur vint annoncer son arrivée. Tous les malades alités avaient mis leurs décorations sur leur chemise, quand leur chef bien-aimé vint les consoler affablement dans les wagons.

Ce ne fut que plus tard, vers la fin de février qu'on donna l'ordre d'évacuer le magasin central. Pour en arriver à bout il fallut une grande énergie. A ce qu'on prétendait, le magasin central et son annexe contenaient au moment de leur évacuation pour un million et demi de thalers de fourrages. Cette évaluation ne paraît pas exagérée, si l'on tient compte de ce fait qu'il assurait les distributions de la IIIe armée autour de Paris et de Versailles, et celles du grand quartier général.

Afin que l'évacuation pût se faire rapidement, je fournissais journellement 80 à 100 hommes de corvée du bataillon bavarois Kempten. Trois ou quatre trains lourdement chargés de vivres partaient journellement pour Lagny, Châlons-sur-Marne, Strasbourg, Cologne, etc., pour réapprovisionner les magasins installés sur ces points. Une grande partie des approvisionnements fut vendue par l'intendance de la IIIe armée à de gros commerçants, de sorte que le jour où l'on évacua Versailles (12 mars 1871), il n'y restait plus que pour 30.000 à 40.000 francs de vivres.

J'avais comme intendant M. Baretzki, fonctionnaire très capable et très actif, qu'on voyait souvent au magasin central et qui me secondait sans se faire prier.

C'est à cette époque également que le roi de Wurtemberg vint séjourner à Versailles. A son départ, son chambellan, baron d'Egloffstein, me chargea d'une mission particulière de la part de Sa Majesté, au sujet de son voyage de Versailles à Lagny. Je m'en acquittai à sa satisfaction.

Le 1er mars, les Allemands firent leur entrée à Paris. Outre le grand quartier général, les VIe, XIe corps prussiens et le IIe corps bavarois prirent part à cette manifestation, après avoir assisté à une grande revue passée par l'empereur Guillaume. La paix ayant été définitivement conclue, les officiers bavarois du commandement d'étapes de la Rive droite n'assistèrent avec moi qu'à la grande revue passée le 3 mars, au corps de la Garde et à l'artillerie de siège à Longchamp. Pendant que les troupes occupaient leurs emplacements pour la revue, on nous annonça que les corps qui étaient entrés à Paris le 1er mars évacueraient la capitale à 11 heures du matin, et que la Garde n'y entrerait pas. Mais aucun de ceux qui eurent la chance d'assister à cette revue sur le sol parisien n'en perdra le souvenir.

Quand Sa Majesté l'Empereur monta à cheval, à Longchamp, le canon du Mont-Valérien tonna pour saluer son arrivée et le drapeau impérial fut hissé sur le fort.

L'Empereur, escorté par le Prince impérial, les princes de la maison de Hohenzollern et les autres princes allemands, sans compter 500 officiers ou fonctionnaires militaires, salua sa fidèle Garde d'un : « Bonjour, camarades », qui provoqua la réponse enthousiaste : « Bonjour, Votre Majesté », faite en présentant les armes.

Quand il eut parcouru le front des troupes au bruit du canon, celles-ci défilèrent devant lui à deux reprises, le 1er régiment à pied de la Garde en tête et la musique jouant la Marche de l'entrée des alliés à Paris, en 1814. Au premier défilé exécuté par compagnie. escadron ou batterie en ligne, l'Empereur serra la main à chaque commandant de régiment, en lui adressant des paroles de remerciements, qui laissèrent une impression profonde.

Les grenadiers du Roi ne purent pas manquer à cette fête ; ils défilèrent derrière le corps de la Garde. En dernier lieu on vit arriver les vieilles barbes de l'artillerie de siège, en tunique et béret usés dans les batteries. Cette troupe défila dans un ordre parfait.

Cette journée du 3 mars fut magnifique. Notre cœur battait de joie à la vue de l'Empereur ému et radieux devant le front de ses braves troupes. Un magnifique soleil de printemps éclairait ce spectacle sublime, dont le dernier acte fut un défilé en colonnes de régiment, au trot pour la cavalerie et l'artillerie.

Enfin, il fallut se séparer. Je rentrai donc à Versailles par le Mont-Valérien, d'où nous vîmes Paris à nos pieds. Le temps était clair, nous pûmes facilement en embrasser l'ensemble du regard, souvenir des plus agréables pour ceux qui ont participé à la campagne et l'ont terminée heureusement.

A Versailles, nous ne tardâmes pas à apprendre que l'Empereur partirait le 5 mars pour retourner à Berlin, mais non d'une seule traite, car, le 6 mars, il devait passer une grande revue à Villiers, près de Champigny, au Ier corps bavarois et au corps saxon ainsi qu'à la division wurtembergeoise.

Le corps d'officiers de Versailles fut convoqué pour le 5 mars, à 7 heures du matin, dans la cour de la préfecture pour recevoir les adieux de l'Empereur.

Ce fut un moment bien pénible à passer. Depuis sept mois, l'armée et son chef vivaient de la même existence en territoire ennemi. Les troupes puisaient leur bonheur et leur force dans la présence de S. M. et tout cela devait maintenant leur être ravi. Par suite, nous étions très chagrinés, lorsque, le 5 mars à 7 heures du matin, l'Empereur nous groupa autour de lui. Il nous fit ses adieux en termes émus et bien sentis, en exprimant toute sa reconnaissance aux troupes pour les services qu'elles avaient rendus. S'adressant en particulier au commandant du XIe corps, général de Bose, il l'embrassa et, se tournant vers nous, il ajouta : « Ce baiser est pour vous tous ».

C'est ainsi que S. M., très émue, prit congé de nous. Elle monta ensuite en calèche découverte, attelée à quatre chevaux noirs, et partit sous l'escorte du peloton de uhlans de la garde particulière du grand quartier général.

L'infanterie de la garnison, en tenue réglementaire, formait la haie à travers Versailles. Les musiques militaires, échelonnées de distance en distance, jouaient l'hymne national et des hourras ininterrompus saluaient lè passage de l'Empereur.

Dès lors, nos jours étaient comptés à Versailles, car on nous prescrivit de nous tenir prêts à partir, de prendre toutes nos dispositions pour que, dès l'arrivée de l'ordre de départ, il n'y eût qu'à indiquer l'heure de la mise en route.

Il me fallut donc demander au XIe corps des chevaux et des voitures pour mes compagnies bavaroises et pour moi, car nous n'en avions pas. On nous fournit aussitôt deux voitures à deux chevaux pour les deux compagnies bavaroises; de plus, deux chevaux et un dragon furent mis à ma disposition. Le 6 mars, on m'expédia encore par Paris les prisonniers allemands, qui avaient été internés au Mont-Saint-Michel et dans les iles Sainte-Marguerite et Belle-Isle. Ils étaient au nombre de 300 environ de toutes armes et de divers corps d'armée. En tenant compte de la longueur de la campagne, la prise de ces 300 hommes par les Français était une bagatelle pour nous.

Pour commencer, je procurai de bons gîtes aux ex-prisonniers, me proposant de les diriger le lendemain sur leur corps par la voie la plus pratique. Leurs effets militaires étaient encore en assez bon état, sauf les bottes qu'il fallut remplacer d'urgence. Les prisonniers n'avaient eu qu'à se louer de la façon dont ils avaient été traités par les Français dans les iles.

Après la réception de l'ordre de nous tenir prêts à partir, je dus faire accélérer encore davantage l'évacuation du magasin central, qui avait cependant expédié un nombre incroyable de trains de vivres dans ces dernières journées. Par suite, il ne restait plus, le 12 mars, que pour 30,000 à 40,000 francs de denrées. En prévision des éventualités qui pouvaient se produire, il fallait se ménager une réserve jusqu'au dernier moment. En cette circonstance aussi nous sûmes nous tirer d'affaire. Après le départ des troupes, nous traitâmes avec un grand restaurateur établi vis-à-vis le magasin central et vivant en très bons termes avec les troupes allemandes. Sous réserve de l'approbation de l'Intendant général, nous lui vendîmes le reliquat des denrées pour la somme de 20,000 francs. Il était grand temps de régler cette affaire pour débarrasser le comptable resté en arrière, car ma garnison bavaroise devait partir à 7 heures du matin, conformément à l'ordre du corps d'armée. Or, le stock restant était empilé entre le magasin central et la gare, et la populace de Versailles le considérait déjà comme une bonne aubaine. Après le départ des Bavarois, elle assaillit soudain le monceau de denrées: chacun prit dans le tas ce qui lui convenait et emporta son butin. Mais la police française ne tarda pas à intervenir; elle ferma la gare, jusqu'à ce que le restaurateur déclaré propriétaire des denrées eût pris possession du reliquat.

Le général de Bose commandant le XIe corps m'avait fait adresser un ordre spécial, aux termes duquel je devais rester le dernier à Versailles jusqu'à 9 heures du matin, pour rassembler au besoin les trainards, en particulier les malades, et les envoyer à Lagny par le chemin de fer. Le bataillon de fusiliers du 32e régiment d'infanterie devait rester jusqu'à l'heure indiquée sur une place publique déterminée pour me prêter main-forte au besoin.

Quatre à cinq malades environ vinrent se présenter à moi. Je les confiai au chef de gare français, avec qui j'avais toujours vécu en bons termes, mais, pour plus de sûreté, je laissai deux sous-officiers bavarois avec eux.

On les fit monter dans un wagon à marchandises, qui fut fermé et ils partirent pour Paris et Lagny par le train de 8 h. 30.

Paris n'avait plus de garnison, les troupes françaises ayant dû céder la place à la Commune, le 18 mars. Elles étaient parties pour Versailles et m'avaient fait demander, le même jour, si elles pouvaient y cantonner, mais le général de Bose s'y opposa énergiquement et renvoya leurs campements. Les gardes aux portes de Versailles furent renforcées, on y envoya même des bataillons entiers du IXe corps.

L'état-major de la IIIe armée, notamment le Prince impérial, avait quitté Versailles presque immédiatement après l'Empereur. Le commandement d'étapes de la Rive droite avait été rattaché au XIe corps. Le Prince impérial se rendit d'abord à Rouen, le 12 mars, où il passa la revue au Ier corps ainsi qu'à des fractions de la 17e division. Le 13 mars, il fit défiler devant lui le VIIIe corps, à Amiens, ainsi que la division du prince Albrecht fils de Prusse.

Ayant tout réglé définitivement le 12 mars, je quittai Versailles avec mon major de Place, le lieutenant de Favrat et le dragon qu'on nous avait affecté. Nous fûmes les trois derniers, le bataillon du 32e étant parti avant nous. C'était intéressant de recueillir une dernière impression de Versailles, au moment où la ville venait d'être complètement débarrassée de sa garnison allemande. Voici ce que j'ai pu constater :

Les agents de police français, le chef de gare, les employés du chemin de fer m'ont montré jusqu'au dernier moment de l'obéissance et de la déférence. De même, la population, qui avait formé un rassemblement à la gare, resta tout à fait calme et nous n'eûmes pas à enregistrer la moindre insulte, en traversant au pas une grande partie de Versailles. On passait tranquillement à côté de nous, sans ricaner. Jusqu'à la fin, les Versaillais ont gardé une bonne attitude. Il ne faut pas oublier ici que la division française de Maud'huy attendait notre départ aux portes de Versailles, pour y entrer derrière nous.

Je ne puis reporter mes pensées à mon séjour à Versailles, sans être animé d'un sentiment de gratitude envers Dieu, l'Empereur et le Prince impérial. Je rendais grâce au Tout-Puissant d'avoir étendu sa main protectrice sur Sa Majesté aux temps si difficiles de la guerre et d'avoir commandé à ses anges de préserver l'oint du Seigneur, à Versailles, de tout attentat infâme préparé à Paris.

C'était une vraie fête pour moi d'aller le dimanche à la chapelle du château, ce qui me permettait de revoir Sa Majesté, qui suivait régulièrement les offices.

Le 4 mars, je foulai pour la dernière fois le parquet fleurdelisé de la chapelle à l'occasion d'un service d'actions de grâces célébré par l'aumônier en chef du XIe corps. L'aumônier remercia le Tout-Puissant des victoires et de la paix glorieuse qu'il nous avait accordées par l'intermédiaire de notre illustre empereur, et dont une part revenait aussi aux généraux qui avaient conduit les troupes à la victoire et en particulier à l'éminent chef d'état-major général, comte de Moltke, au grand stratège qui avait conçu les plans de bataille. Mais, de même que Sa Majesté refusait de rapporter à sa personne le moindre succès et avait toujours dit à l'occasion de chaque victoire : « Dieu était avec nous, à lui la gloire » ; notre grand stratège a toujours, dans sa modestie, décliné la moindre auréole, en attribuant nos succès à Dieu seul qui, dans sa bonté, lui avait inspiré les idées et accordé les dons, grâce auxquels il avait pu mettre ses plans de bataille à exécution.

Pouvant, de ma place, voir de profil le comte de Moltke, je ne pus m'empêcher de porter mon regard de son côté, au moment où, la tête baissée et les mains jointes, il avait les yeux fixés à terre. Le noble général semblait préférer qu'on n'eût point parlé de sa personne, n'ayant accompli qu'une mission divine (1).

(1) Pour certains officiers prussiens, la Providence a châtié, en 1870, le peuple français par l'intermédiaire de *l'Oint du Seigneur*, qualificatif qu'ils donnent à leur roi. Cette réminiscence biblique, d'un loyalisme mystique, n'avait du reste pas étouffé, au grand état-major prussien, la notion purement laïque, d'après laquelle le dieu des batailles est d'ordinaire avec les gros et bons bataillons, commandés par des chefs expérimentés, dont la tâche est facilitée, à la guerre, par de solides institutions militaires ayant pour but d'alimenter, à jet continu, les forces aux prises avec l'ennemi. (*Note du traducteur.*)

CHAPITRE XX

Retrait de l'armée allemande.

Après avoir quitté Versailles à 9 heures du matin, nous rencontrâmes à 9 h. 30 le bataillon de fusiliers du 32e régiment sur la route de Saint-Germain-en-Laye. Nous fîmes route avec lui jusqu'à Argenteuil; d'où je gagnai avec mon personnel Saint-Denis, pour y être logé sans vivres pendant vingt-quatre heures. A Saint-Denis et aux environs était cantonnée la 1re division de la Garde, sous le général de Pape, obligé de faire une police sévère, à cause du bas peuple de Paris, qui infestait la ville et ses abords. Nous visitâmes le fort ruiné situé sur le Rouillon et le quartier en arrière, qui nous offrit le spectacle des destructions que peut occasionner la guerre. De là nous nous rendîmes à la cathédrale de Saint-Denis, vénérable monument qui renferme les tombeaux des rois de France, ornés de belles sculptures.

La cathédrale avait beaucoup souffert du siège et du bombardement. Les trous faits dans la cathédrale et son clocher étaient soigneusement bouchés au moyen de sacs remplis de terre. Le lendemain, 13 mars, nous quittâmes de bonne heure Saint-Denis pour aller à Lagny, désirant visiter en route les forts de l'Est et d'Aubervilliers complètement détruits. On voyait partout des brèches; des pans de mur entiers s'étaient écroulés dans les casernes et c'est tout au plus si l'on avait pu les réparer suffisamment pour les faire servir au logement de nos troupes. Avant d'atteindre Bondy, nous rejoignîmes le bataillon de fusiliers du 32e régiment pour franchir ensuite avec lui le canal de l'Ourcq.

La forêt de Bondy passait pour être fréquentée par des communards, surtout la nuit. On nous apprit que dernièrement un soldat du train, un tirailleur et un fantassin du fort de Romainville avaient été assassinés à coups de fusil, le soir en revenant du fort. Après avoir contourné Paris jusqu'à Pantin, nous franchîmes la grande route de Metz pour passer sur celle de Lagny, où nous arrivâmes à 1 heure du soir. Nous y retrouvâmes nos deux sous-officiers bavarois, qui avaient réussi à traverser Paris avec les derniers malades. Ils me firent le compte rendu suivant :

« A l'arrêt du train, à la gare Saint-Lazare, notre
« wagon fut soudain attaqué par la populace qui
« poussait des cris affreux. On avait déjà entr'ouvert la
« portière pour lancer sur nous des morceaux de char-
« bon de terre, quand le chef de train, voyant le danger
« évident que nous courions, remit immédiatement son
« train en marche, sans faire prendre de l'eau à sa ma-
« chine. Nous étions sauvés. »

Il y avait lieu d'être reconnaissant aux employés de la Compagnie de l'Ouest, d'avoir montré tant de sollicitude à l'égard de nos hommes. C'est une preuve qu'ils avaient pris en affection (?) la garnison de Versailles. Le 14 mars, nous continuâmes notre marche par Meaux, sur la Ferté-sous-Jouarre, destination qui nous avait été assignée par la Direction des étapes. La Ferté-sous-Jouarre est située sur la Marne. La vieille ville, son église et le château se trouvent sur une hauteur escarpée, tandis que la ville nouvelle, avec ses belles places publiques et ses promenades, s'étend le long de la Marne.

La direction prussienne des étapes et celle des Bavarois s'étaient bien installées ici et représentaient une force respectable avec leur garnison composée de trois bataillons d'infanterie, deux régiments de cavalerie et une batterie.

Le 17 mars je reçus l'ordre de relever le major brunswickois de Bülow, commandant d'étapes de Bar-le-Duc. Il avait bien fait son service jusque-là, mais maintenant que la guerre était finie, il demandait à s'en retourner chez lui. Je regrettai de ne pouvoir emmener le lieutenant de Favrat, mon excellent major de place, le commandement de Bar-le-Duc ayant déjà un titulaire. Cet officier fut attaché ultérieurement au commandant d'étapes de Wissembourg.

Dans cette même journée du 17 mars, j'arrivai à Bar-le-Duc et, dès le 18, je pris le commandement de l'étape, que je trouvai très bien organisée. Je n'eus qu'à me féliciter de conserver le lieutenant retraité Kühne, qui avait servi jadis, au 26e d'infanterie. Il administrait très bien le magasin et pouvait, à l'occasion, remplir d'autres fonctions intérimaires.

La station halte-repas de Bar-le-Duc a sans doute laissé un excellent souvenir à ceux qui s'y sont arrêtés et réconfortés.

La période principale du retrait de l'armée allemande dura du 12 mars jusqu'à la fin de juillet. C'est à cette époque que les directions des étapes furent licenciées. L'armée d'occupation de 50.000 hommes, sous le commandement en chef du général baron de Manteuffel, entra alors en fonctions. J'y reviendrai au dernier chapitre. La ligne de Lagny à Strasbourg a surtout servi au

7

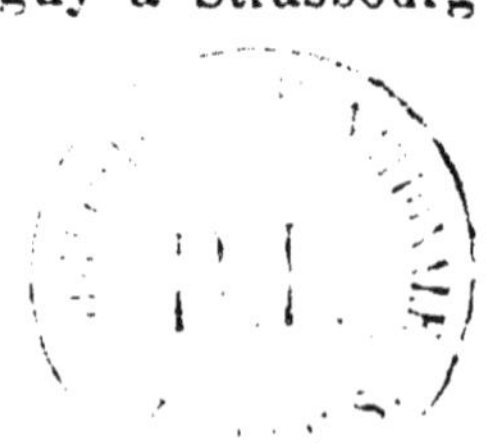

retrait des troupes stationnées autour de Paris, mais elle fut également utilisée par des fractions des Ire et IIe armées, et je ne crois pas commettre d'erreur dans l'énumération que je ferai tout à l'heure des corps qui se retirèrent par cette ligne. Je ferai remarquer en même temps qu'à partir de ce moment Lagny redevint tête d'étapes de guerre de la IIIe armée, car nous avions évacué les forts de l'Est, du Nord et du Sud. Les corps stationnés à Rouen et à Amiens, ainsi que les autres troupes dans le Nord ou dans l'Est devaient également se retirer par les lignes d'étapes du Nord et de l'Est.

A propos de mon voyage à Corbeil, j'avais déjà signalé l'importance de Lagny, mais celle-ci ne fit que s'accroître, quand cette gare devint le point de départ des embarquements en chemin de fer, au moment de la retraite de l'armée. Les corps d'armée se retirèrent de l'Ouest a l'Est, par échelons; c'est ainsi que le corps de la Garde continua à rester à Saint-Denis, jusqu'à ce que le XIe corps eût quitté Versailles et se fût embarqué sur la ligne de Lagny à Châlons.

Le XIe corps fut suivi par celui de la Garde, puis ce fut le tour des IVe, IIIe et IIe corps. L'artillerie de siège, avec les parcs d'artillerie, ainsi que les hôpitaux de campagne, sections de munitions, convois, etc...., furent embarqués dans les intervalles, de préférence la nuit, pour ne pas interrompre le mouvement des trains de troupes, ou bien on les intercalait entre ces derniers, afin de combler des vides.

Nous vîmes passer également la Valérie et ses congénères du Mont-Valérien; elles gagnaient leur nouvelle patrie, l'arsenal de Berlin, pour y goûter, après de longs combats, un repos éternel. Le VIIe corps, revenu du Jura, forma l'échelon de repli de Bar-le-Duc à Nancy, de fin mars en mai. Il fut remplacé par le Xe corps qui resta jusqu'à fin juin et fournit finalement une division à l'armée d'occupation.

Les 1re, 2e et 4e divisions bavaroises se retirèrent par étapes, pendant que la 3e division restait échelonnée à Châlons. Elles cantonnèrent pendant deux jours à Bar-le-Duc où elles se comportèrent d'une manière parfaite à tous égards.

La répartition des troupes de passage dans les cantonnements de Bar-le-Duc et des environs avait été réglée par moi, de concert avec un officier d'état-major. Quand ce fut le tour du VIe et dernier corps à se replier, ce fut la 12e division qui passa d'abord à Bar-le-Duc, tandis que la 11e resta jusqu'au commencement de novembre dans le département de la Haute-Marne, d'où elle se retira par étapes.

Par suite du traité de Versailles, les attributions des autorités civiles et de la police sur les territoires occupés avaient été dévolues aux autorités militaires. Le général de Zastrow, commandant le VIIe corps publia donc à cet effet une ordonnance basée sur les instructions données le 25 juillet 1870 par le roi de Prusse aux chefs des troupes d'occupation en France, ainsi que sur l'article 3 de la convention passée le 16 mars 1871, à Rouen, par le plénipotentiaire de l'empereur allemand avec le représentant du gouvernement de la République, en tenant compte des prescriptions de la loi française du 9 août 1849, sur l'état de siège. L'Empereur avait strictement prescrit aux troupes en retraite de payer comptant la nourriture fournie par l'habitant ou, le cas échéant, les vivres et fourrages requis. Il fut partout obéi.

Quand un corps d'armée allemand était réparti pour

un certain temps entre les villes d'un département français, les habitants pouvaient alléger leurs charges en mettant à la disposition des troupes les casernes existantes ou d'autres grands bâtiments pour les loger. Si l'organisation des casernements convenait au chef de corps, il les acceptait après les avoir passés en revue. Je ne trouvai pas les casernements français aussi bien organisés que les nôtres, notamment en ce qui concernait les lits et les armoires. Ces dernières étaient trop petites et les effets de couchage n'étaient installés que sur des lits de camp (1).

L'intendance française fit le nécessaire pour satisfaire nos troupes, en ce qui concerne le casernement. Celles-ci préparèrent elles-mêmes leurs aliments. Au début de l'occupation, elles achetaient directement les denrées chez les commerçants français qui firent ainsi de bonnes affaires ; mais notre intendance générale prévint les troupes qu'elle avait passé des marchés avec les fournisseurs de l'armée pour assurer les distributions de vivres et de fourrages en nature. Par suite, les troupes s'approvisionnèrent aux magasins des fournisseurs qui encaissaient dès lors les bénéfices.

Ce système ne dura cependant que quatre semaines. On en revint à la gestion directe. Les troupes touchèrent des indemnités représentatives, qui leur permirent de nourrir très bien les hommes et de faire même du boni.

Naturellement, le vin rouge ne fit jamais défaut ; cha-

(1) Avant 1870, les soldats français étaient mieux couchés que les soldats allemands, mais ils n'avaient pas d'armoires. Le major de Lingk a peut-être pris les lits de camp installés dans des casernements improvisés pour une partie de l'ameublement normal de nos casernes. (*Note du traducteur.*)

que homme en consommait un demi-litre au repas de midi.

Je rappelle en passant que l'Empereur, en quittant le sol de la France, avait cédé le commandement en chef des troupes en marche et en station au Prince royal Albert de Saxe, qui avait fait venir son épouse, la princesse Carola et avait établi son quartier général à Compiègne. Tous deux passèrent à Bar-le-Duc.

Pendant les dernières semaines qui précédèrent l'occupation proprement dite, ce fut le général de cavalerie de Fabrice, ancien gouverneur de Versailles pendant la guerre, qui exerça le commandement en chef. Le Prince royal de Saxe, ainsi que le général de Fabrice, ont veillé à la sécurité complète de l'armée et lui ont témoigné la plus grande sollicitude à tous égards.

A la date du 18 mars, lors de mon entrée en fonctions à Bar-le-Duc, sa garnison se composait d'un bataillon rhénan de landwehr; mais, dans les premiers jours suivants, la 14e division occupa le département de la Meuse, et son commandant, le général de division baron de Bothmer, vint à Bar-le-Duc avec son chef d'état-major, le major de Werder. Le 16e régiment d'infanterie et une partie du régiment de dragons de Westphalie y furent appelés également. Le général désigna alors un commandant d'armes, de sorte que je ne fus plus chargé que du commandement de la gare, de la répartition des troupes dans la ville et ses annexes et de leur logement. A cette occasion, je signale les inconvénients d'un pareil partage. La division des responsabilités peut être contraire au bien général, du moment que toute initiative n'est plus laissée au commandant d'étapes, à qui le commandant d'armes assigne une garnison d'un effectif qu'il juge convenable, etc.....

Avant que le commandant d'étapes obtienne les troupes requises par lui, si du moins on veut bien les lui donner, le moment d'agir est passé et l'on peut s'estimer heureux, s'il n'y a pas d'autres conséquences fâcheuses à dépiorer. (Voy. § 35 de l'ordonnance de 1887.) Cette ordonnance remédie à l'inconvénient signalé en laissant le commandant d'étapes seul maître dans sa circonscription, même au cas où un commandant de troupes de la garnison est plus ancien ou d'un grade plus élevé (1).

Le Xe corps. commandé par le général de Voigts-Rhetz, succéda plus tard à la 13e division, à Bar-le-Duc et dans le département de la Meuse. Son chef ne fut pas d'avis de scinder le commandement. Il me fit même prier par le général de Schwarzkoppen, commandant la 19e division, de prendre également le commandement de son quartier général, proposition que j'acceptai sans hésiter. J'éprouvai un sentiment de légitime fierté d'avoir satisfait le général de Voigts-Rhetz pendant les quatre à cinq semaines de séjour du Xe corps sur mon territoire et d'avoir été à hauteur de toutes les tâches qui me furent imposées.

Je reviens encore une fois à l'époque où la 13e division a occupé le département de la Meuse, pour reconnaître qu'on servait très bien dans cette division et que son séjour à Bar-le-Duc m'a procuré plus d'un moment agréable.

Les moments les plus heureux pour moi ont été ceux où nous avons fêté l'anniversaire de la naissance de

(1) L'ordonnance de 1902 est moins affirmative. Elle laisse le commandant d'étapes maître dans sa circonscription si un officier plus élevé en grade n'y séjourne que provisoirement. S'il doit y rester au contraire pendant un certain temps, le directeur des étapes avisera. (*Note du traducteur.*)

l'Empereur, le 22 mars 1871. On fit, à cet effet, des préparatifs grandioses, auxquels participèrent spontanément les Français (???). La fête elle-même fut empreinte d'une allégresse générale. Le 21 au soir, retraite en musique : le 22, réveil en musique, puis l'office suivi d'une grande revue, à l'occasion de laquelle le général de Bothmer fit une allocution patriotique aux troupes et leur fit pousser des vivats et des hourras en l'honneur de notre Empereur bien-aimé, qui atteignait sa 74e année.

Le banquet des officiers et fonctionnaires avait été préparé dans une grande et belle salle près de laquelle on avait installé une cuisine spéciale. La salle était brillamment décorée et le cher portrait de notre Empereur, pompeusement enguirlandé, était à sa place.

Le banquet fut superbe. La bonne musique du 16e régiment d'infanterie, en nous jouant des airs patriotiques, contribua à entretenir l'enthousiasme des convives. On ne pouvait pas mieux fêter l'anniversaire de la naissance de l'Empereur ainsi que nos victoires. On avait également organisé des festins pour les troupes et des attractions pour la soirée, auxquelles les Français ne restèrent pas insensibles. Ils avaient prêté partout aimablement leur concours aux préparatifs de la fête (???).

En ce qui concerne les mesures de sûreté sur la voie ferrée et dans la gare de Bar-le-Duc, elles étaient conformes à celles de Vitry. Mais, comme la gare était plus grande, il fallut y installer un poste plus fort; il fut en outre nécessaire de faire occuper militairement les stations entre Bar-le-Duc et Vitry, à cause des troupes de la division, cantonnées à proximité, et plus particulièrement la station de Longeville du côté de Ligny, où l'on mit un poste de 30 hommes commandés par un sous-officier, en souvenir des fréquentes tentatives qu'on avait faites par là pour détruire la voie. Du côté de Void et dans la forêt voisine de l'Argonne, il y avait eu des bandes de francs-tireurs fortement organisées qui, dès le début de la campagne, avaient exécuté des coups de main à la faveur du terrain boisé et accidenté.

C'est ainsi qu'en août 1870, des francs-tireurs attaquèrent à Ménil-la-Horgne, sur la route de Void à Ligny, un convoi d'officiers blessés. Six coups furent tirés sur cinq officiers. Un officier d'artillerie fut blessé dans le dos, un officier bavarois à la main et un soldat-ordonnance reçut une éraflure. La bande, ayant enlevé aux officiers leur sabre et leur revolver, allait se livrer à d'autres sévices, quand elle dut prendre la fuite à l'approche d'un convoi militaire sur la route.

Du côté de Vitry, se trouvait la bifurcation qui allait de Blesme dans la direction du Sud par Chaumont. Depuis le milieu de décembre 1870, un commandement spécial d'étapes était installé à Blesme. C'est Vitry qui lui avait fourni la garnison nécessaire.

Bar-le-Duc ayant été pendant toute la durée de la campagne une station halte-repas, une grande baraque avait été construite à cet effet. On y avait organisé une cuisine et un immense réfectoire pour 1,200 hommes. Au centre, il y avait une table spéciale pour les officiers, outre une salle particulière, qui leur était réservée. L'alimentation ne laissait rien à désirer et se faisait dans un ordre parfait. Les repas étaient arrosés de bon vin et des ordonnances servaient à table.

Le mérite de cette bonne organisation générale revenait au lieutenant Kühne, fonctionnaire du service des subsistances. J'ai déjà eu antérieurement l'occasion de le citer avec éloges.

Les trains sanitaires arrivaient régulièrement de deux

à trois fois par semaine. C'étaient des trains de la Croix-Rouge, dans lesquels des diaconesses remplissaient les fonctions d'infirmières. Les malades étaient accompagnés d'un médecin et d'un délégué de l'ordre de Saint-Jean. C'était un plaisir que de visiter ces petits hôpitaux roulants, qui réunissaient toutes les conditions pour assurer de bons soins aux malades. Les wagons étaient même dotés d'une cuisine, qui fournissait tout le nécessaire. Ces trains venaient soit de Berlin, soit de Munich, soit de Stuttgard, mais le nombre des malades à emmener devait être communiqué à l'avance télégraphiquement au délégué de la gare de départ. Le wagon sanitaire de Stuttgard était souvent accompagné de Son Altesse le duc Bernard de Saxe-Weimar.

Outre ces trains sanitaires, il passait encore de grands trains d'évacuation, organisés au moyen de wagons à marchandises, comme il a été dit à propos de Versailles.

Les malades à embarquer étaient réunis à l'avance dans une salle d'attente aménagée pour eux dans la gare.

Les nombreux wagons qui rapatriaient les troupes, etc., ramenaient les prisonniers français d'Allemagne. Ceux-ci affectaient malheureusement à leur retour des airs de bravade et semblaient avoir complètement oublié tous les malheurs qui avaient frappé leur patrie et eux-mêmes. Quand des prisonniers arrivaient à Bar-le-Duc, je les soumettais à une discipline sévère. Je les faisais placer sur deux rangs et leur passais l'inspection avant de les remettre en route ou de les congédier. Quant aux prisonniers qui ne faisaient que passer en chemin de fer dans la gare de Bar-le-Duc, je ne les autorisais à descendre du train, à l'arrêt, que pour satisfaire un besoin pressant, afin d'éviter des désordres, etc.

Quand les préfets français reprirent leurs fonctions, ils s'entourèrent d'un état-major dont faisaient partie un fonctionnaire de l'intendance et un commandant de gendarmerie. Ils disposaient en outre des gendarmes nécessaires pour assurer le service intérieur dans leur département en ce qui concernait l'administration civile, conformément à l'article 2 de la convention de Rouen du 16 mars 1871.

Pour ce qui est de l'intendance, je n'ai eu qu'à m'en louer, mais, quant à la préfecture, il n'en fut pas de même. Le préfet de Bar-le-Duc, M. Vimon, était un républicain arrogant et peu abordable, se plaignant à toute occasion, des troupes auprès du commissaire civil du Xe corps, le conseiller intime Bitter, qui l'éconduisait de la belle façon (1). La menace d'appliquer à la population française la loi sur l'état de siège dans toute sa rigueur produisit son effet : l'orgueilleux préfet rengaina ses prétentions arrogantes et cessa ses attaques. Du reste son règne ne dura pas longtemps. Un beau matin, après la chute de Thiers, il disparut avec ses conseillers de préfecture et fut remplacé par un préfet bien élevé et modeste.

Quand les Français eurent repris en mains la gestion de leurs affaires et adopté le service militaire obligatoire, il fallut leur permettre également de procéder aux opérations du recrutement, dans les départements occupés. Elles s'effectuèrent sans incidents

(1) Non seulement le major de Lingk déclare que ses camarades étaient impeccables, mais il n'admet même pas qu'on puisse reprocher aux troupes certains excès. Le journal de M. Laguerre, *Les Allemands à Bar-le-Duc et dans la Meuse*, démontre cependant que les militaires de l'armée d'occupation ont été l'objet de plaintes nombreuses de la part des habitants. (*Note du traducteur.*)

fâcheux. Des gendarmes vinrent accompagner à la gare les conscrits qui avaient orné leur chapeau de longs rubans multicolores.

La période de la retraite de notre armée, laquelle commença le 12 mars et se termina vers la fin de juin 1871, passa si vite pour moi, que ces quatre mois ne me semblèrent pas plus longs que quatre semaines. J'étais de service jour et nuit, mais tout marchait à ravir, car j'étais très bien secondé à Bar-le-Duc par un chef de gare capable et aimable.

L'armée d'occupation ayant été définitivement constituée en juin 1871, je passai mon service au commandant d'armes de Bar-le-Duc, pour aller occuper le poste de Blesme. Au préalable, j'allai me présenter au général de Buddenbrock, commandant la 6e division à Reims, dont je dépendais, la Direction des étapes ayant été licenciée. Je ne servis que quelques semaines sous les ordres de ce chef bienveillant, qui fut appelé au poste de gouverneur de Kœnigsberg.

CHAPITRE XVI

Armée d'occupation.

Commandant en chef : général de cavalerie **DE MANTEUFFEL** ; chef d'état-major : colonel von der BURG (successeur du général de STOSCH).

4e division : général **DE SCHMELING** (successeur du général von der GRÖBEN).

6e division : général **DE SCHWÉRIN** (successeur du général **DE BUDDENBROCK**).

19e division : général **DE TRESKOW**.

3e division bavaroise : général **DE MAILLINGER**.

L'effectif de l'armée d'occupation étant de 50,000 hommes, chaque division, y compris son artillerie, etc...., comptait environ 12,000 hommes. Le rôle de cette armée consistait à occuper, tout d'abord, le territoire des départements de la Marne, des Ardennes, de la Meuse, de la Haute-Marne, des Vosges, de la Meurthe, jusqu'en mai 1875, pour garantir l'exécution du traité de paix. Par suite, il importait avant tout de prendre position sur ce territoire, de telle façon que les quatre divisions pussent se concentrer promptement en avant ou en arrière, en cas d'attaque des Français. Chacune des quatre divisions devait pourvoir à la sécurité de sa voie ferrée particulière, afin que les communications avec Metz et Strasbourg ne pussent jamais être coupées. C'est pourquoi la fixation des garnisons de l'armée d'occupation était basée sur les lignes de chemin de fer.

Par suite, la ligne principale de Paris à Strasbourg était occupée par les 6e et 19e divisions. Épernay, avec son commandement d'étapes, était le point d'appui du côté de la frontière du territoire occupé. Châlons-sur-Marne, Vitry, Blesme, Bar-le-Duc, Ligny, Commercy, Toul, Nancy, Lunéville étaient occupés par les deux divisions en question. Dans certaines de ces villes, il y avait un commandement d'étapes.

A la bifurcation de Frouard sur Metz, il n'y avait pas de commandement d'étapes; par contre, il y en avait un à Pagny-sur-Moselle, dernière station du territoire occupé. D'Épernay part la bifurcation sur Reims (quartier général de la 6e division), Rethel, Mézières et Sedan, vers les frontières belge et luxembourgeoise. Tandis que le commandant d'étapes de Reims était fourni par la 6e division, celui de Sedan dépendait de la division bavaroise.

La deuxième bifurcation partant de la grande ligne était celle de Châlons sur Reims. Sur celle-ci venait se greffer au sud du camp de Châlons la ligne de Sainte-Menehould-Verdun-Metz. Entre ces deux lignes, la division bavaroise avait occupé le camp de Châlons ainsi que Rethel, Mézières, Sedan. La 6e division était reliée à la 4e division au moyen de la bifurcation de Blesme à Chaumont, par Saint-Dié et Joinville. De Donjeux se détache ensuite un embranchement sur Neufchâteau, Épinal et Belfort, où il y avait un commandement d'étapes.

Le département des Vosges était mauvais, car la population était montée contre nous par les nombreux ouvriers des mines de fer, le voisinage de Belfort et de l'Alsace, de sorte que la région du côté de Neufchâteau, Épinal, Belfort, était considérée comme une des plus difficiles du territoire occupé.

La répartition, telle que je l'ai indiquée, subsista jusqu'au 12 novembre 1872, c'est-à-dire pendant quinze mois. Je parlerai plus tard de la deuxième phase de l'occupation, qui commença par l'évacuation de la Champagne. Pour l'instant, je m'arrête au commandement d'étapes de Blesme.

Les troupes de l'armée d'occupation s'étant installées par régiment, bataillon ou groupe de batterie, et pour un certain temps, dans les localités, celles-ci devinrent de vraies garnisons. Les unités faisaient elles-mêmes la cuisine : elles étaient bien nourries et réalisaient des économies qui leur permettaient de fêter largement les anniversaires de la naissance de l'Empereur et des princes. Les officiers, fonctionnaires et sous-officiers avaient été autorisés à faire venir leur famille.

La sécurité de chaque cantonnement incombait au commandant d'armes ; on n'avait organisé des commandements d'étapes que dans certaines localités importantes situées sur une voie ferrée. Blesme était du nombre, comme point initial de la ligne de la Haute-Marne qui se relie à celle de Lyon. C'était un petit commandement, n'ayant pas comme garnison une unité distincte, mais seulement un détachement composé d'un officier et de 30 hommes du 24e régiment d'infanterie, avec mission d'occuper la gare. Il y avait en outre à Blesme un relais de poste, d'où partaient les courriers à l'adresse de la 4e division. Le détachement n'était pas logé à Blesme, mais dans le village d'Haussignemont, où je fis installer un petit casernement pour lui. Je l'avais cantonné provisoirement dans le village voisin de Favresse, où se produisit un fait curieux. Pendant l'hiver de 1872, un grand loup pénétra dans une bergerie située à côté du cantonnement d'une escouade et y égorgea huit agneaux. Les loups n'étaient pas rares dans cette région ; il en venait fréquemment des Ardennes et de la forêt de l'Argonne. Au cours de la campagne, nous rendîmes aux louvetiers leurs armes, par ordre du Roi, et, pour mon compte, je leur ai restitué vingt fusils à deux coups. Le poste de la gare de Blesme étant réduit au minimum, j'envoyais dans la nuit des patrouilles le long de la voie ferrée et dans les villages. Mes deux gendarmes maintenaient non seulement l'ordre dans la gare. mais faisaient même à cheval des tournées de 15 kilomètres dans les environs.

Le trafic militaire était insignifiant sur la ligne de Chaumont, sauf aux époques du renvoi ou de l'arrivée d'une classe et au moment des manœuvres ; par contre, beaucoup de voyageurs civils circulaient sur cette ligne. Sur celle de Strasbourg à Paris, roulaient de nombreux trains de marchandises, entre autres ceux qui transportaient des pierres de taille provenant des carrières de Commercy et destinées à la reconstruction des édifices détruits pendant la guerre ou la Commune.

En mai 1872 Sa Majesté la reine d'Angleterre, se rendant à Bade avec le prince Léopold duc d'Albany, s'arrêta à Blesme. Le train royal y stationna huit à dix minutes, temps nécessaire à la machine pour prendre de l'eau. J'allai présenter mes hommages au prince Léopold qui me reçut avec une simplicité aimable et notre entretien porta sur la vie de garnison de l'armée d'occupation. Au départ du train, la reine se montra également à la fenêtre de son wagon-salon. Le train royal quitta Blesme à 7 heures du matin.

La première année de notre occupation se passa ainsi sans incidents dignes de remarque, mais, sachant combien les Français sont prompts à s'exalter, il fallait nous tenir constamment sur nos gardes et être prêts à marcher. Les commandants d'étapes devaient toujours savoir de quel matériel de chemin de fer ils pourraient disposer, notamment pour le transport des troupes. Or, les Français avaient mis tout en œuvre pour remplir le plus promptement possible leurs obligations pécuniaires vis-à-vis de l'Allemagne. Par suite l'armée d'occupation dut évacuer le département de la Marne, dès la fin de l'année 1872. Vers cette époque, la 6e division se retira dans le département de la Meuse, dont toutes les villes importantes reçurent une forte garnison.

La 4e division évacua l'arrondissement de Saint-Dizier et se retira complètement dans le département de la Haute-Marne. Dès lors, cette division eut sa ligne de communication de Donjeux à Pagny par Neufchâteau; celle d'Épinal alla sur Nancy par Blainville et celle de Gondrecourt, sur Nançois-le-Petit, par suite de la suppression du commandement d'étapes de Blesme, à la date du 12 novembre 1872.

La division bavaroise tout entière se retira dans le département des Ardennes et dut évacuer son beau camp de Châlons.

Le retrait de la 6e division ne s'opéra pas partout tranquillement, les Français n'ayant pu s'empêcher de manifester, par des démonstrations hostiles, la joie que leur causait notre départ. Il y eut des incidents de cette nature à Épernay et à Châlons. Il fallut donc rétablir le respect dû aux troupes et arrêter les meneurs avant d'achever l'évacuation.

L'état-major de la 6e division et celui de la 11e brigade, ainsi que tout le 20e régiment d'infanterie et mon commandement d'étapes furent transférés à Bar-le-Duc.

Gardant maintenant la frontière de la France qui nous

était hostile, il fallait toujours être prêts à marcher. Nous vivions donc sur une sorte de pied de guerre avec nos voisins.

Il entrait dans mon service de rapatrier un nombre assez considérable de déserteurs et d'individus ayant opté pour l'Alsace-Lorraine. Il m'en arrivait de 20 à 30 à la fois, dénués de toutes ressources. Je leur fournissais le nécessaire pour continuer leur voyage et me faisais rembourser mes avances par l'ambassade d'Allemagne à Paris.

Le service de sûreté dans la gare de Bar-le-Duc était à peu près le même qu'auparavant. J'y retrouvais également mon ancien chef de gare, qui me seconda fidèlement comme par le passé.

La 6e division ayant installé en ville un bureau de la Place, mes fonctions se bornèrent à celles de commandant de la gare, chargé en outre des passagers. Le colonel de Fuchs, commandant le 20e régiment, remplissait les fonctions de commandant d'armes. Ce n'était pas une sinécure, car les conflits avec la population ne manquaient pas.

Les Français savaient qu'ils ne tarderaient pas à finir de payer les cinq milliards pour être débarrassés de nous, mais le général de Schwérin ne plaisantait pas et leur tenait la dragée haute. Il infligeait au besoin des amendes et de la prison aux délinquants. Les cabarets étaient fermés plus tôt, et à 9 heures du soir on ne trouvait plus d'établissements ouverts. Des patrouilles de sous-officiers parcouraient la ville en tous sens, et nos soldats ne pouvaient se promener isolément et sans armes hors de la ville.

Si le tableau de l'occupation n'était pas sans ombres, il avait aussi ses côtés brillants. Je mentionnerai en première ligne les fêtes données par le général de Manteuffel pendant l'hiver, à Nancy.

Sa femme, née de Witzleben, et sa fille faisaient à à ses côtés les honneurs de sa petite cour, où les officiers, fonctionnaires et leurs familles passèrent les soirées les plus charmantes, dont ils garderont toujours le souvenir.

Dans sa situation difficile, le général de Manteuffel avait d'ailleurs besoin de retrouver un peu de gaîté au milieu de ses fidèles. Il ne faut pas oublier que le commandant en chef avait toujours à ses côtés le délégué français auprès de l'armée d'occupation, comte de Saint-Vallier, par qui passaient les plaintes continuelles et les pétitions des habitants contre nos troupes. Tous les incidents, affaires de police ou autres, étaient soumis à la cour de Nancy, notamment quand les Français avaient été éconduits par les commandants des divisions.

Au reste, le comte de Saint-Vallier était très estimé, très affable et sympathique. Il fut plus tard ambassadeur à Berlin.

Notre commandant en chef a fait beaucoup pour l'armée d'occupation et aurait même fait plus pour elle si cela n'avait dépendu que de lui. Nous garderons toujours le souvenir de sa sollicitude affectueuse.

La fête la plus solennelle et la plus belle fut celle de l'anniversaire de la naissance de l'Empereur ; elle fut brillamment célébrée le 22 mars 1873 à Bar-le-Duc.

Le général de Schwérin avait mis tout en œuvre pour rehausser l'éclat de cette journée. La veille il y eut une grande retraite avec le concours de la musique du 20e régiment d'infanterie : le 22, réveil en musique, et à 10 heures, par un temps superbe que l'on aurait dit commandé exprès pour l'Empereur, on célébra un office militaire sur la grande promenade ; pour terminer la matinée, grande revue passée par le commandant de la division. A midi, banquet dans une salle magnifiquement décorée ; tous les officiers et fonctionnaires y prirent part et montrèrent une gaîté et un entrain sans pareils. Ajoutons que l'Empereur avait, à cette époque déjà et à notre grande joie fixé pour juillet 1873, le retrait définitif de l'armée d'occupation. Si, d'une part, nous y perdions des avantages pécuniaires sérieux, d'autre part ils étaient plus que compensés par la douce perspective de revoir bientôt notre patrie. Au printemps de 1873, le prince Frédéric-Charles vint voir, à Commercy, son régiment de hussards de Zieten. A cette occasion, il nous fit l'honneur de visiter Bar-le-Duc ; il y eut une brillante revue de la garnison dont le prince se montra entièrement satisfait. Après avoir dîné chez le général Schwérin, il retourna le soir à Commercy.

Le général de Manteuffel vint à son tour, en juin, à Bar-le-Duc, pour passer l'inspection de la 11e brigade, qui se rendit à cet effet à l'ancien camp romain du village de Fains. Réunie à l'artillerie divisionnaire, la brigade exécuta, sous le commandement du général de Rotenaler, une manœuvre de combat très intéressante, d'après un thème donné par le général de Manteuffel, qui se montra extrêmement satisfait de l'habileté avec laquelle elle fut exécutée.

J'assistai également à cette inspection, étant chargé de piloter l'intendant français venu de Nancy avec le général.

A mesure qu'approchait la date de l'évacuation fixée au milieu de juillet, les familles de nos nationaux disparurent de plus en plus du territoire français, pour rentrer en Allemagne. L'expédition des bagages, qui entrait en partie dans mes attributions de commandant d'étapes, s'effectua à temps, de façon que le 15 juillet, à 5 heures du matin, nous pûmes partir sans encombre. La population montra une attitude absolument correcte.

Ayant voyagé dans le même train que l'état-major de la division jusqu'à Frouard, je gagnai Metz, puis Breslau, où je fus rendu à la vie civile, à la date du 22 juillet 1873, au bout de trois années d'absence.

Le général de Manteuffel se rendit avec son chef d'état-major, colonel von der Burg, à Verdun, dernier gage conservé par nous jusqu'au 15 septembre. C'est dans cette ville que furent réglés, avec le gouvernement français, les derniers détails relatifs au payement de l'indemnité de guerre, ainsi que d'autres particularités.

Deux commandements d'étapes seulement continuèrent à fonctionner de juillet en septembre, ceux de Verdun et de Conflans, sur la ligne de Metz.

A l'occasion de l'évacuation des départements de l'Est, l'Empereur adressa au commandant en chef de l'armée d'occupation l'ordre suivant :

« Les troupes laissées en France, après les grands « services qu'elles avaient rendus pendant la guerre, « devaient montrer un tact militaire tout particulier « et une discipline exemplaire. La façon dont l'armée « d'occupation a rempli sa mission me procure « aujourd'hui le vif plaisir de lui exprimer mon entière « gratitude à l'occasion de l'évacuation du territoire « français.

« Je vous charge de porter ce témoignage à la con- « naissance des généraux, officiers, fonctionnaires mili- « taires et soldats de ces troupes et d'exprimer en parti-

« culier ma satisfaction aux divisionnaires sur la façon « dont ils ont rempli leur rôle souvent difficile, ainsi « que ma reconnaissance de l'ordre parfait qui a régné « au sein de leurs troupes.

« Coblenz, le 27 juillet 1873.

« Signé : GUILLAUME. »

« **Dieu était avec nous; à lui la gloire!** »

ANNEXE N° 1 *

Composition des directions d'étapes.

Ire armée.

Directeur : général de division du cadre de réserve MALOTKI DE TRZEBIATOWSKI.
Chef d'état-major : major DE DITFURTH.
Officiers adjoints d'état-majors (adjudants) : lieutenants EFFNERT du 15e régiment d'infanterie : LORTZING, du 77e régiment d'infanterie.
Service de l'artillerie : major en retraite BURBACH.
Service du génie : major en retraite DOST.
Intendance : sous-intendant METZGER.
Détachement de gendarmerie : major SCHULZ.

IIe armée.

Directeur : général de brigade DE TIEDEMANN.
Chef d'état-major : major LOWE.
Officiers adjoints d'état-major : capitaine DE CHAPPUIS, du 2e grenadiers de la garde ; lieutenant DOUGLAS, du 27e régiment de landwehr ; lieutenant DE WERTHER, de la cavalerie du 35e bataillon de landwehr.
Service de l'artillerie : colonel en retraite DE SCHLEGELL.
Service du génie : major en retraite MONSTERBERG.
Service de l'intendance : sous-intendant LAMPEL.
Détachement de gendarmerie : major DE WICHERT.

IIIe armée.

Directeur : général de division du cadre de réserve DE GOTSCH.
Chef d'état-major : major VON DER GOLTZ.

* Nous ne reproduisons pas les ordres, proclamations, etc., n'ayant rien de commun avec le service des étapes. On peut les trouver à leur place dans la *Relation historique du grand état-major allemand. (Note du traducteur.)*

Adjoints d'état-major : capitaine DE RATHENOW, de la cavalerie du 6ᵉ régiment de landwehr; lieutenant en retraite KELLER; lieutenant DE RABENAU de la 3ᵉ brigade d'artillerie.
Service de l'artillerie : lieutenant-colonel en retraite ERDMANN.
Service du génie : major en retraite BACHFELD.
Service de l'intendance : sous-intendant SCHUMANN.
Détachement de gendarmerie : major HAACK.

Direction bavaroise rattachée à celle de la IIIᵉ armée.

Directeur : général de brigade DE MAYER.
Chef d'état-major : lieutenant-colonel VERRI DE LA BOSIA.
Adjoints d'état-major : lieutenant LOSSOW, du 8ᵉ régiment d'infanterie; lieutenant OTT, du 6ᵉ régiment d'infanterie.
Service de l'artillerie : major DE HARSDORF du 2ᵉ régiment d'artillerie.
Service du génie : major KLEEMANN.
Service de l'intendance : commissaire des guerres BACKERT.
Détachement de gendarmerie : capitaine HEISS.

ANNEXE N° 2

Gouvernements généraux.

Les Directions d'étapes suivaient les corps d'armée à une journée de marche et s'installaient en principe dans les locaux occupés antérieurement par l'état-major du corps d'armée qui les avait précédées.

La télégraphie de campagne fit preuve d'une grande activité pour l'établissement des relations quotidiennes entre les représentants du haut commandement, notamment entre les commandants d'armée et le grand quartier général.

Le rôle d'une Direction d'étapes était surtout d'ordre militaire. Il se bornait en général aux abords immédiats de la ligne de communication organisée par elle. Il fallait, en outre, exercer notre autorité sur tout le territoire en arrière du front de l'armée allemande, traversé par les lignes de communication, afin d'en exploiter les ressources à notre profit et de rendre le calme et la sécurité à la population par une administration régulière.

A cet effet, S. M. le Roi avait créé dès le 14 août, les gouvernements généraux d'Alsace et de Lorraine. Le premier devait comprendre l'Alsace proprement dite ainsi que les arrondissements de Sarrebourg, Château-Salins, Sarreguemines, Metz et Thionville, le second le territoire plus à l'ouest. Les attributions administratives de ces nouvelles autorités furent déterminées dans le sens indiqué plus haut, par une instruction en date du 21 août.

Pour l'accomplissement de leur tâche, les autorités du service des étapes jouissaient d'une certaine initiative, mais elles devaient s'entendre avec les gouverneurs généraux, chaque fois qu'il s'agissait de modifications sérieuses dans la répartition des troupes.

En ce qui a trait aux troupes d'étapes de la IIe armée, le 1er bataillon de la landwehr saxonne et le 1er escadron du 5e régiment de hussards de réserve partirent le 30 août pour Nancy, étant mis à la disposition immédiate du général d'infanterie de Bonin, gouverneur général de la Lorraine. Le général de division comte Bismarck-Bohlen, nommé gouverneur général de l'Alsace, installa provisoirement son quartier général à Haguenau.

ANNEXE N° 3

Instruction pour le gouverneur général d'un territoire ennemi occupé.

---

1) Le gouverneur général d'un territoire ennemi occupé y assume tous les pouvoirs administratifs et militaires.

Tout en exerçant rigoureusement ses droits, il devra autant que possible ménager le pays et les habitants.

2) Les anciens fonctionnaires publics du territoire ennemi sont déclarés déchus et remplacés par l'autorité militaire du gouverneur, qui devra se référer à cet égard à l'instruction du 25 juillet courant pour les commandants de troupes d'occupation d'un territoire ennemi. Le gouverneur général dispose de toutes les troupes stationnées sur son territoire et n'appartenant pas à l'une des armées de campagne.

3) Le gouverneur général exerce ses pouvoirs administratifs à l'aide du commissaire civil qui lui est subordonné, et par l'intermédiaire duquel il commande aux autorités administratives civiles de son district. A défaut de fonctionnaires administratifs existants, le gouverneur général en crée.

4) Le rôle administratif du gouverneur général et de ses agents consiste d'abord à continuer à percevoir, au profit de la caisse du gouverneur, tous les impôts d'État du pays occupé. Les sommes non employées par le gouverneur général sont versées à la caisse centrale des armées.

5) Il appartient, en outre, au gouverneur général de faire appliquer les règlements en usage pour la police locale autant qu'ils sont compatibles avec les intérêts militaires. La juridiction civile est exercée conformément aux lois du pays.

6) L'entretien des voies de communication, qui entrent en ligne de compte pour la liaison des armées, devra être l'objet d'une attention particulière.

7) Le gouverneur général est autorisé à prendre en mains les services publics des postes, télégraphes, chemins de fer, à les réglementer et à les suspendre totalement ou en partie à sa convenance.

8) Dans le territoire occupé, les contributions et les réquisitions sont ordonnées par le gouverneur général, de sa propre initiative ou sur la requête de l'intendant général de l'armée. Les mesures d'exécution incombent au gouverneur. Le taux des indemnités de vivres à fixer pour tout

le district, s'il y a lieu, est arrêté par lui de concert avec l'intendant général.

9) Il me sera fait le 1er et le 15 de chaque mois un rapport sur la marche et les résultats de l'administration, sur les faits à signaler, les mesures spéciales, etc.

Quartier général de Pont-à-Mousson, le 21 août 1870.

Signé : GUILLAUME.

Contresigné : Comte DE BISMARK.
Von ROON.

ANNEXE N° 4

Emplacements des troupes d'étapes à la date du 4 septembre 1870.

INDICATION DES CORPS DE TROUPE.	EMPLACEMENTS.	OBSERVATIONS.
25e et 26e régiments de landwehr :		
Bataillon d'Aix-la-Chapelle.	Sur le Saint-Blaise et à Gros-Yeux.	
Bataillon Eupen	Bivouac de Corny.	
— Erklenz	A Novéant et Corny.	
— Jülich	Bivouac de Corny.	
17e régiment de landwehr :		
Bataillon Geldern	Trèves et Polch.	Route d'étapes du Ier corps.
— Dusseldorf	Euskirchen, Prum et Bittbourg.	Route d'étapes du VIIe corps.
»	Simmern, Morbach, Hermeskeil et Lebach.	Route d'étapes du VIIIe corps
Bataillon de dépôt Saint-Wendel du 30e régiment de landwehr.	Boulay, Courcelles-sur-Nied, Teterchen, les Etangs et Pange.	
69e régiment de landwehr :		
Bataillon Andernach	Bivouac de Corny.	
— Simmern	Bivouac de Corny et à Trèves.	
1er, 2e et 3e escadrons du 6e régiment de uhlans de réserve.	Bivouac de Corny.	
1er escadron du 6e régiment de hussards de réserve.	Bivouac de Corny.	
Bataillon de réserve d'artillerie lourde du 8e régiment.	Bivouac de Corny.	

INDICATION DES CORPS DE TROUPE.	EMPLACEMENTS.	OBSERVATIONS.
Direction des étapes de la IIe armée.		
Régiment de landwehr 16/55 :		
Bataillon Detmold	Remilly.	
— Paderborn	Herny et Faulquemont.	
— Soest	Forbach et Saint-Avold.	
— Unna	Sarreguemines et Saint-Johann.	
2e escadron du 5e régiment de hussards de réserve.	Remilly, Faulquemont et Saint-Avold.	Le 1er escadron à la disposition du gouverneur général de la Lorraine depuis le 31 août. Pour les 3e et 4e escadrons, voyez plus loin.
1re compagnie du génie de forteresse du Ve corps.	Avricourt.	
Brigade saxonne de forteresse :		
État-major	Pont-à-Mousson.	
2e bataillon du 6e régiment d'infanterie.	Pont-à-Mousson.	Le 1er bataillon à la disposition du gouverneur de la Lorraine depuis le 31 août.
3e bataillon du 7e régiment d'infanterie.	Noméný, Château-Salins et Delme.	
4e bataillon de forteresse..	Bouillonville, Gorze, Ancy et Arnaville.	
Direction des étapes de la IIIe armée.		
Régiment de landwehr 27/67 :		
Bataillon Aschersleben..	Devant Toul.	
— Halle........	Devant Toul.	
— Torgau	Nancy et Saint-Nicolas-du-Port.	
31e régiment de landwehr :		
Bataillon Sangerhausen.	Devant Phalsbourg et à Sarrebourg.	
— Muhlhausen ..	Lunéville et Préchicourt.	
71e régiment de landwehr :		
Bataillon Erfurt.......	Devant Phalsbourg.	
— Sondershausen.	Devant Phalsbourg.	
3e régiment de dragons de réserve.	Bar-le-Duc, devant Toul et Phalsbourg.	
3e compagnie mobile du génie de forteresse du IIIe corps.	Bar-le-Duc.	

INDICATION DES CORPS DE TROUPE.	EMPLACEMENTS.	OBSERVATIONS.
Direction bavaroise des étapes.		
État-major.............	Bar-le-Duc.	
3e bataillon de landwehr bavarois.	Bar-le-Duc et Ligny.	
5e bataillon de landwehr bavarois.	Wissembourg, Niederbronn et Frouard.	
13e bataillon de landwehr bavarois.	Nancy, Blamont et Marsal.	
27e bataillon de landwehr bavarois.	Lunéville, Colombey, Eronves et Void.	
29e bataillon de landwehr bavarois.	Wissembourg.	
Escadron des étapes......	Vitry et sur la ligne d'étapes entre Wissembourg et Nancy.	
Compagnie du génie des étapes.	Devant Toul.	
1er bataillon de landwehr badois.	Brumath.	
2e bataillon de landwehr badois.	Karlsruhe, Maxau et Lauterbourg-Au.	
4e bataillon de landwehr badois.	Bischwiller, Vendenheim, Haguenau et Herrlisheim.	
4e compagnie du 6e bataillon badois.	Seltz.	
1er bataillon du 4e régiment d'infanterie wurtembergeoise.	Saverne et la Petite-Pierre.	
Direction des étapes de l'armée de la Meuse.		
Régiment de landwehr 53, 56 :		
Bataillon Wesel........	Fresnes et Etain.	
— Borken......	Damvillers et Dun.	
— Bochum	Clermont, Busancy, Beauzée et Varennes.	
— Iserlohn.......	Saint-Mihiel et Thiaucourt.	
3e et 5e escadrons du 3e régiment de uhlans de réserve.	Sedan, St-Mihiel, Fresnes, Etain, Damvillers et Dun.	

ANNEXE N° 3

Emplacements des troupes d'étapes à la fin de janvier 1871.

INDICATION DES CORPS DE TROUPE.	EMPLACEMENTS.	OBSERVATIONS.
Direction des étapes de la Ire armée.		
Bataillon Saint-Wendel du 30e régiment de landwehr.	Chantilly, Creil, Compiègne, Saint-Just-en-Chaussée et Breteuil.	A 6 compagnies.
Régiment de landwehr 22/62 :		
État-major	Péronne.	
Bataillon Rybnik	Beauvais, Ailly-sur-Noye et Chaulnes.	
Ratibor......	Amiens.	
Gleiwitz	Péronne, Ham.	
Kosel.........	Péronne.	
1er escadron du 6e régiment de hussards de réserve.	Chantilly, Creil.	
Au total : 5 bataillons, 1 escadron.		
Direction des étapes de la IIe armée.		
Régiment de landwehr 16/55 :		
Bataillon Soest	Cheroy, Nemours, Souppes, Gondreville et Puiseaux.	A 6 compagnies.
Unna	Villeneuve-sur-Yonne, Sens, Pont-sur-Yonne, Montereau et Montargis.	
Detmold	Orléans et Beaugency.	
Paderborn	Estissac, Villeneuve-l'Archevêque, Joigny, Laroche et Saint-Florentin.	Id.

INDICATION DES CORPS DE TROUPE.	EMPLACEMENTS.	OBSERVATIONS.
Direction des étapes de la IIe armée (*suite*).		
Régiment de landwehr 27 67 :		
État-major	Orléans.	
Bataillon Aschersleben	Châtillon-sur-Seine, Mussy-sur-Seine et Laignes.	A 6 compagnies.
— Halle	Melun, Moret, Fontainebleau et Malesherbes.	Id.
— Bitterfeld	Juvisy, La Ferté-Alais, Etampes et Pithiviers.	Id.
— Torgau	Brienon et Troyes.	Id.
Bataillon Mühlhausen du 31e régiment de landwehr.	Nuits-sur-Armançon, Ancy-le-Franc et Tonnerre.	Id.
1er escadron du 5e régiment de uhlans de réserve.	Nemours et environs.	
2e escadron du 5e régiment de uhlans de réserve.	Orléans.	
1er régiment de hussards de réserve :		
État-major	Nuits-sur-Armançon.	
1er escadron	Châtillon-sur-Seine.	
2e escadron	Tonnerre et Joigny.	
3e escadron	Nuits-sur-Armançon.	
4e escadron	Montargis.	
1re compagnie de génie de forteresse du Ve corps d'armée.	Laroche.	
Au total : 9 bataillons, 6 escadrons, 1 compagnie du génie.		
Direction des étapes de la IIIe armée.		
Bataillon Sangerhausen du 31e régiment de landwehr.	Lagny et Corbeil.	A 6 compagnies.
3e bataillon de landwehr bavarois.	Corbeil.	
7e bataillon de landwehr bavarois.	Corbeil.	
9e bataillon de landwehr bavarois.	Brie-Comte-Robert, Rambouillet et Chartres.	
13e bataillon de landwehr bavarois.	Tournan et Esbly.	

INDICATION DES CORPS DE TROUPE.	EMPLACEMENTS.	OBSERVATIONS.
Direction des étapes de la IIIe armée (*suite*).		
15e bataillon de landwehr bavarois.	La Ferté-sous-Jouarre, Brie-Comte-Robert.	
27e bataillon de landwehr bavarois.	Nanteuil-sur-Marne et Esbly.	
29e bataillon de landwehr bavarois.	Esbly et Lagny.	
6e régiment d'infanterie wurtembergeoise :		
État-major et 1er bataillon.	Coulommiers.	
2e bataillon	Nogent-l'Artaud et Nanteuil-sur-Marne.	
1er bataillon de landwehr badoise.	Changis, Trilport et Meaux.	
3e régiment de dragons de réserve :		
État-major, 1er, 2e, 4e, 5e escadron.	Corbeil.	
3e escadron...........	Lagny.	
6e escadron...........	Esbly.	
Escadron d'étapes bavarois.	Corbeil.	
2e escadron du 2e régiment de Reiter wurtembergeois.	Coulommiers et environs.	
3e escadron du 2e régiment de Reiter wurtembergeois.	Everly, en marche sur Coulommiers.	
1er bataillon de dépôt wurtembergeois.	Everly, en marche sur Coulommiers.	
2e bataillon de dépôt wurtembergeois.	Corbeil.	
3e compagnie du génie de forteresse du VIIIe corps.	Lagny.	
2e compagnie du génie de forteresse du XIe corps.	Lagny et environs.	
3e compagnie du génie de forteresse du XIe corps.	Lagny et environs.	
Compagnie du génie bavarois des étapes.	Corbeil.	
Au total : 11 bataillons, 9 escadrons, 2 batteries, 4 compagnies du génie.		

INDICATION DES CORPS DE TROUPE.	EMPLACEMENTS.	OBSERVATIONS.
Direction des étapes de l'armée de la Meuse.		
Régiment de landwehr 53/56 :		
Bataillon Wesel	Mory, Mitry, Dammartin, Nanteuil-le-Haudoin, Crépy-en-Valois et Villers-Cotterets.	A 6 compagnies.
— Borken	Senlis, Creil et Chantilly.	Id.
— Bochum......	Soissons.	Id.
— Iserlohn......	Pontoise.	Id.
3ᵉ escadron du 5ᵉ régiment de hussards de réserve.	Dammartin, Nanteuil-le-Haudouin, Crépy-en-Valois, Villers-Cotterets et Soissons.	
4ᵉ escadron du 5ᵉ régiment de hussards de réserve.	Chantilly et Pontoise.	

Au total : 4 bataillons, 2 escadrons.

11

ANNEXE N° 6

Télégraphie de campagne.

Au début de la campagne, la Prusse mobilisa cinq sections de télégraphie de campagne et trois sections de télégraphie d'étapes et les affecta à l'armée de campagne.

En voici la répartition :

Grand quartier général : section de telégraphie de campagne.... N° 4.
Ire armée.. N° 1.
IIe armée.. N° 2.
IIIe armée.. N° 3.
Direction des étapes de la Ire armée : section de télégraphie des étapes.. N° 3.
Direction des étapes de la IIe armée : section de télégraphie des étapes.. N° 2.
Direction des étapes de la IIIe armée : section de télégraphie des étapes.. N° 1.

Composition d'une section de campagne : 1 capitaine du génie, 3 lieutenants du train, 1 médecin, 7 télégraphistes, 90 soldats du génie, 45 soldats du train, 15 chevaux de selle, 58 chevaux de trait. 13 voitures.

Composition d'une section des étapes : 1 directeur des télégraphes.

1er échelon. — 2 lieutenants (dont 1 du train), 7 télégraphistes, 35 soldats du génie, 37 soldats du train, 8 chevaux de selle, 52 chevaux de trait, 11 voitures.

2e échelon. — 5 télégraphistes, 15 soldats du train, 4 ouvriers de 1re classe, 20 ouvriers ordinaires des télégraphes. 3 chevaux de selle, 18 chevaux de trait. 5 voitures.

A la fin de la guerre, les fils de la télégraphie de campagne avaient une longueur totale de 10,830 kilomètres (1), répartis sur 407 sections, alors que les lignes de l'État avaient 12,500 kilomètres de fils exploités par 118 stations.

(1) Dont 8,252 kilomètres de fils français rétablis, 798 kilomètres de lignes provisoires et 1.780 kilomètres de lignes télégraphiques de campagne.

ANNEXE N° 7

Poste de campagne*.

Comme il n'y avait pas de formations spéciales du temps de paix pour l'organisation du service postal en campagne, il fallut créer de toutes pièces les organes nécessaires.

Ceux-ci consistèrent en bureaux de poste de campagne mobiles et en directions des postes du service des étapes. Les premiers devaient assurer le service postal auprès des corps de troupes, les secondes celui de l'arrière, comme organes de liaison avec le service postal de la mère-patrie. La poste du service des étapes fonctionnait à une journée de marche des corps d'armée et assurait également les relations postales entre les lignes d'étapes.

Étant rattachés à l'armée, les directions et les bureaux des postes étaient subordonnés aux autorités militaires, mais, sous le rapport technique, ils dépendaient de leurs chefs hiérarchiques des postes. Pour faciliter le service, on constitua, en Allemagne, des bureaux régionaux de triage, où confluaient les lettres et les paquets destinés aux militaires en campagne. On y triait la correspondance pour la grouper ensuite par corps de troupes. Les courriers étaient expédiés à la tête d'étapes de la route postale correspondante et amenés de là aux bureaux mobiles de la poste de campagne, qui les remettaient aux corps de troupes.

Quant aux lettres et paquets destinés à des militaires à poste fixe, on ne les envoyait pas au préalable aux bureaux de triage.

Au début de la guerre de 1870, on érigea pour les troupes de la Confédération du Nord un bureau central pour le grand quartier général, un par état-major d'armée, un par état-major de corps d'armée et trois bureaux divisionnaires par corps d'armée (deux pour les divisions d'infanterie et un pour l'artillerie de corps).

On organisa en outre une direction des postes par direction d'étapes.

Cette organisation ayant été reconnue insuffisante, on créa avec les ressources de l'intérieur et des bureaux de campagne, un bureau pour chacune des huit divisions de cavalerie, un par division de réserve (cinq en tout), un pour chacun des deux gouvernements généraux de l'Alsace et

* Résumé du texte allemand.

de la Lorraine, un pour l'état-major de l'armée de la Meuse, un pour celui de l'armée du Sud et deux pour les états-majors des XIIIe et XIVe corps.

Au total, il y eut dans la campagne de 1870-1871, du côté des Allemands, 77 bureaux de poste, comprenant 788 fonctionnaires ou employés, 869 chevaux et 188 voitures.

La poste allemande assurait également le service privé sur les lignes d'étapes et dans les gouvernements généraux. Elle expédiait en franchise les lettres destinées aux prisonniers français, quand elles lui parvenaient par l'intermédiaire d'une autorité militaire. Cinq millions de francs ont été payés aux prisonniers en Allemagne en échange de mandats postaux sur lesquels ne figuraient, en général, que de petites sommes.

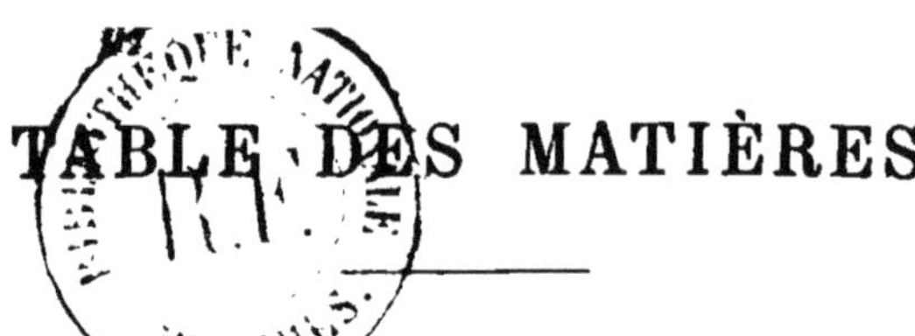

TABLE DES MATIÈRES

ANNEXES.

PARIS. — IMPRIMERIE R. CHAPELOT ET Cᵉ, 2, RUE CHRISTINE.

A LA MÊME LIBRAIRIE

DU MÊME AUTEUR

Unité d'origine des officiers, sans abaissement du niveau de leur instruction générale. Broch. in-12 . . . . 1 fr. 25

Questionnaire militaire français-allemand. Quatrième édition. 1 vol. in-12 . . . . 1 fr. 25

Reliure souple, toile anglaise . . . . 1 fr. 50

Langue allemande. — **Cours de thèmes militaires**, à l'usage des officiers et futurs officiers.

Ire Partie : *Thèmes*. 1 vol., rel. toile . . . . 3 fr. 25

IIe Partie : *Corrigés*. 1 vol., rel. toile . . . . 2 fr. 25

TRADUCTIONS :

Napoléon, chef d'armée ; par le lieutenant-colonel **Yorck de Wartenburg**. Traduit de l'allemand. 1889, 2 vol. in-8 . . . . *Epuisé*

De l'initiative des chefs en sous-ordre à la guerre ; par le lieutenant général **de Woyde**, de l'armée russe. 1895, 1 vol. in-8. . 3 fr. 50

Le combat de nuit dans la guerre de campagne et de siège. Etude historique et tactique ; par le lieutenant-colonel **Cardinal de Widdern**. Traduit de l'allemand. 1890, 1 vol. in-8 . . . . 5 fr.

Questions de tactique appliquée traitées de 1858 à 1882 au grand état-major allemand. — Thèmes, solutions et critiques du maréchal **de Moltke**, publiés par la Section historique du grand état-major allemand. Traduit de l'allemand. 1895, 1 vol. in-8 avec *Atlas* de 27 cartes et 9 croquis . . . . 14 fr.

Thèmes tactiques gradués. Application des règlements sur le service en campagne et sur les manœuvres à un détachement de toutes armes ; par le major **Griepenkerl**. Traduit de l'allemand. Cartes accompagnant le texte : 1° 1/80,000^e^ Metz ; 2° 1/25,000^e^ Metz, Verny, Ars, Gravelotte. Nouvelle édition, 1908 . . . . 10 fr.

Campagne de 1870-1871. — **Journal de guerre du général von Wittich**, commandant la 22e division prussienne (Metz, Orléans, le Mans). 1902, 1 vol. in-8 . . . . 6 fr.

Paris. — Imprimerie R. Chapelot et Cie, 2, rue Christine

CARTE D'ENSEMBLE

DU THÉATRE DE LA GUERRE DE 1870-1871, DES LIGNES ET COMMANDEMENTS D'ÉTAPES DE L'ARMÉE ALLEMANDE

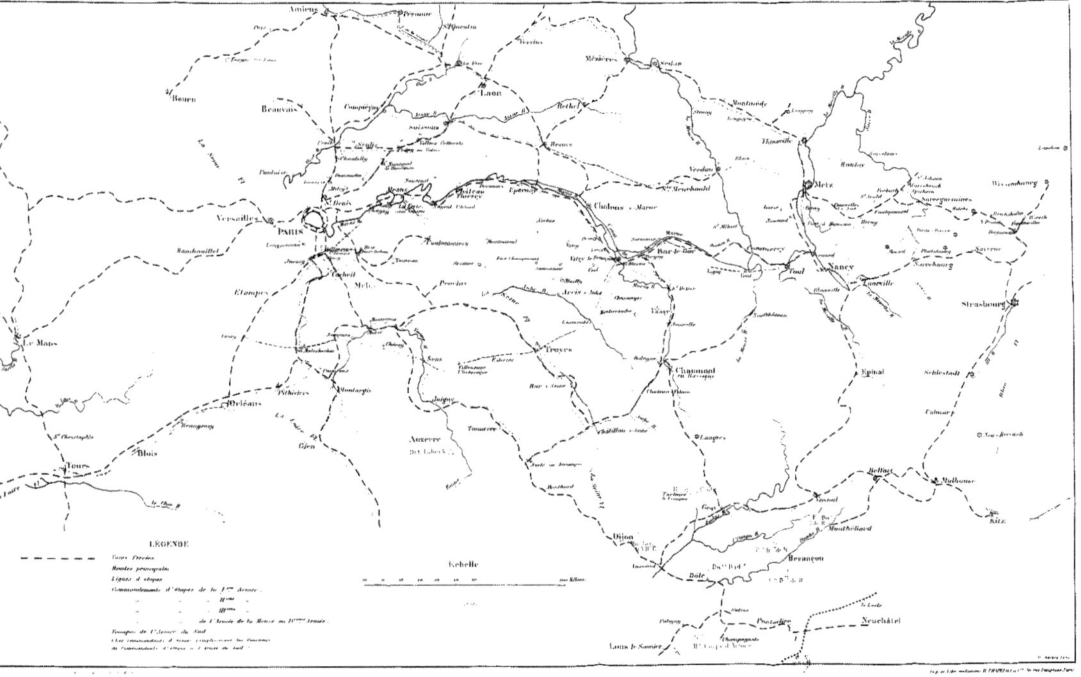

www.ingramcontent.com/pod-product-compliance
Ingram Content Group UK Ltd.
Pitfield, Milton Keynes, MK11 3LW, UK
UKHW022111260726
13993UKWH00001B/457